읽으라고 강요할 필요가 없다. 우리들 일상에 달라붙어 떨어지지 않는 '불안'이라는 주제로 썼기 때문이다. 우리 모두에게 익숙한 단어지만 다루기 쉽지 않은 불안을 다루며, 저자는 사막 교부들처럼 지혜자의 음성으로 불안과 함께 살아온 자신의 삶을 들려준다. 읽는 자들은 약함과 불안전함을 대하는 용기를 얻는다. 나를 사랑하는 이가 차려 주는 서른 가지 반찬을 먹는 기분이다.

김병년 다드림교회 담임목사,『난 당신이 좋아』『바람 불어도 좋아』저자

우리는 모두 불안하다. 신앙이 있으나 없으나 불안하고, 젊은 사람은 젊어서, 나이 든 사람은 나이 들어서 불안하다. 많은 것을 성취한 사람은 이룬 것으로 인해 불안하고, 가진 것 없는 사람은 기댈 것이 없어 불안하다. 공황 발작이나 불면증 같은 뚜렷한 증상을 앓는 사람도 흔하다. 별일 아닌 것에 과하게 긴장하거나 안절부절못하는 순간의 배후에도 불안이 있다. 그야말로 불안의 시대다. 그럼에도 나의 불안은 유독 뭔가 잘못된 징후처럼 느껴지고는 한다.

'불안이란 자연스러운 것이로되 다만 건강하지 못할 수 있음을 받아들이라.' 책을 펼치고 몇 페이지 넘기고 만난 이 문장에 안도했다. 저자는 평생 불안에 시달린 사람으로서 불안 치료의 산을 완주한 등정가다. 그는 불안이라는 산을 '억척스럽게' 수십 번 오르고 내리며 발견한 다양한 등산로를 세밀하게 그려 주며, 자신의 불안과 마주해 처절하게 고민하고 애쓰며 기도한 체험의 산물로 각 장 끝마다 놀라운 다양함과 구체성과 깊이를 가진 실행 방안이라는 '등산로'를 제시한다.

고맙게도 우리는 모든 등산로를 걸을 필요가 없다. 내 취향과 체력에 맞는 방법 몇 가지를 선택해 꾸준히 수행하면 된다. 불안이라는 산을 올라 정상에 서 보니 '하나님의 산'일 수도 있다.『불안을 이기는 작은 습관들』은 불안에 관한 '심리학의 옷'을 입은 영성 수련 안내서인 셈이다.

정신실 루아(Ruach)영성심리연구소 소장,『슬픔을 쓰는 일』저자

집요한 불안을 잘 아는 저자의 마음과 지혜와 경험을 담은 책이다. 그가 안내하는 여정은 실제적이고도 심오해 깊은 자유로 이끈다.

캐리 뉴호프 작가, 팟캐스터, 강사

불안과 두려움과 강박 사고가 있는 사람은 대개 깊은 수치심을 느낀다. 그러나 이제 우리는 뇌의 재교육과 재조정이 가능함을 안다. 누구나 자책을 버리고 건강해질 수 있다! 자율적 신경가소성(self-directed neuroplasticity)을 통해 뇌를 개조하고 새로운 자유를 얻을 수 있다는 기본 통찰이 저자의 경험과 잘 어우러져 있다. 깨달음과 실천에 놀라운 재미까지 더해져 삶의 통제력을 되찾게 해 주는 책이다.

제프리 슈워츠 정신의학자, 『뇌는 어떻게 당신을 속이는가』 저자

진 빠지는 불안에서 해방되기란 힘겨울 수 있으며 대개 시간을 요한다. 이 책은 불안에서 벗어나는 실제 방법을 집중적으로 논한다. 불안을 무조건 떨치기보다 그대로 인식하는 건강한 대처법을 가르치며, 그 과정에 신앙이 어떻게 도움이 되는지도 함께 살펴본다. 천천히 읽어 보면 덜 불안하게 주님과 동행할 수 있다.

대럴 보크 댈러스 신학대학원 문화참여처장

불안은 우리를 무력하게 하여 하나님 및 사람들과 멀어지게 하는 마음 상태다. 불안과 싸워 본 저자는 우리에게 불안을 부정하지 않고도 극복할 수 있는 여러 도구를 멋지게 제시한다. 우리 자신이나 우리가 사랑하는 누군가도 수시로 불안에 부딪히는 만큼, 이 책은 그 어느 때보다도 지금 더 요긴하다.

댈러스 젠킨스 드라마 시리즈 〈더 초즌〉(The Chosen) 제작자

불안을 줄이려면 심리학과 신앙의 지혜를 일상생활에 실제로 적용해야 하는데, 막상 그 방법을 알기가 쉽지 않다. 저자는 학생이자 해박한 교사로서 우리를 누구도 대신할 수 없는 여정으로 안내해 이 어렵고도 중요한 일을 해 낸다. 그리고 불안 없는 삶의 핵심 요소를 누구나 공감하고 소화할 수 있도록 잘게 부순 뒤, 실천 방안을 제시해 유익한 원리나 전략이 우리 삶에 뿌리내릴 수 있게 한다. 불안 때문에 고생하는 사람이라면 꼭 읽어야 할 책이다.

스콧 사이밍턴 『불안한 생각과 감정에서 벗어나라』(*Freedom from Anxious Thoughts and Feelings*) 저자, 공인 임상심리학자

저자는 『불안을 이기는 작은 습관들』에서 불안을 헤쳐 나가는 실제적·목회적 접근을 제시한다. 이 책은 그 복잡한 지형을 직접 헤쳐 나온 사람의 선물이다. 본인이나 사랑하는 누군가가 불안을 겪고 있다면 꼭 읽어야 할 책이다.

케리 래두서 일리노이주 네이퍼빌 소재 커뮤니티 크리스천 교회 목사, New Ground Network 설립자

불안의 고충을 잘 아는 저자는 실제적이고 구체적인 대처법과, 더 중요하게 그 속에서도 형통하는 법을 솔직하고 지혜롭고 정감 있게 나눈다. 도움과 희망을 주는 이 책은 내가 두고두고 사람들에게 계속 소개할 자원이다.

다이애나 그루버 『영혼의 밤을 지날 때』 저자

불안을 이기는 작은 습관들

IVP(InterVarsity Press)는
캠퍼스와 세상 속의 하나님 나라 운동을 지향하는
IVF(InterVarsity Christian Fellowship)의 출판부로
생각하는 그리스도인을 위한 문서 운동을 실천합니다.

Originally published by InterVarsity Press
as *The Anxiety Field Guide* by Jason Cusick.
© 2022 by Jason Cusick
Translated and printed by permission of InterVarsity Press,
P.O. Box 1400, Downers Grove, IL 60515, USA. www.ivpress.com.

This Korean Edition © 2025 by Korea InterVarsity Press,
156-10 Donggyo-ro, Mapo-gu, Seoul 04031, Republic of Korea.

The Anxiety Field Guide

불안을 이기는 ─╱╲╱╲─ 작은 습관들

그리스도인의 건강한 삶을 위한 마음 돌봄 안내서

제이슨 큐직 윤종석 옮김

Ivp

화니타, 베스, 웨인, 주디, 엔절라, 클리퍼드, 크리스에게,
내가 불안할 때 여러모로 내 말을 들어 주고
조언해 주어 감사합니다.

스콧 사이밍턴에게,
내 시선을 전방에 두도록 도와주고
측방을 활용하는 기술을 알려 주어 고맙습니다.

저니 오브 페이스 교회에,
내가 불안하지 않은 지도자로 자라 가도록 인내하며
격려해 주어 감사합니다.

차례

머리말 13
1. 뇌 문제일 뿐이니 안심하라 25
2. 불확실성을 수용하라 33
3. 보유하기 전에 관찰하라 41
4. 중간중간 정차하라 49
5. 당신은 혼자가 아니다 59
6. 예수처럼 기도하라 67
7. 자신의 전부를 돌보라 77
8. 염려를 선물로 보라 85
9. 자신의 방아쇠를 알라 91
10. 피하지 말고 부딪치라 99
11. 전방에 집중하라 107
12. 염려에 시간제한을 두라 115
13. 자신에게 친절하게 말하라 121
14. 안식을 찾으라 127
15. 완벽이 아닌 진전을 찾으라 135
16. 강박을 이해하라 143
17. 노출을 시작하라 151

18. 접지할 길을 찾으라 159

19. 과감히 약한 모습을 보이라 167

20. 노출 피로에 대비하라 175

21. 기쁨을 선택하라 181

22. 핵심 신념과 왜곡을 점검하라 189

23. 생각과 행동을 분리하라 197

24. 보호 우산을 찾으라 205

25. 자가 치료를 줄이라 213

26. 새로운 신경 경로를 뚫으라 219

27. 리더로서 변화에 적응하라 227

28. 당신은 할 수 있다! 235

29. 억척 상을 노리라 243

30. 기쁜 소식을 믿으라 251

맺는말 259
감사의 말 267
추천 도서 271
실천 도구 찾아보기 275

내가 사망의 음침한 골짜기로

다닐지라도

해를 두려워하지 않을 것은

주께서 나와 함께하심이라.

시편 23:4

머리말

나는 평생 불안에 시달렸다. 그것을 몰랐을 뿐이다. 사랑이 많고 안정된 가정에서 자랐으나 엄마에게는 자칭 '청결 결벽증'이 있었다. 우리 집은 늘 깔끔하게 잘 정돈되어 있었다. 엄마는 매사를 언제 어떻게 처리할지 꼼꼼히 일정을 짰고, 일일 계획표에 한 달치 식단을 끼니별로 다 정해 놓았다. 모든 물건이 제자리에 있었다. 근래에 엄마에게는 들려준 일화가 있는데, 내가 여섯 살 때 마루에서 장난감을 가지고 놀다가 화장실에 가려고 일어나 엄마한테 이렇게 말했다고 한다. "그냥 쉬하러 가는 거니까 장난감을 치우지 말아 주세요."

엄마는 강박장애를 진단받은 적은 없지만 매사에 늘 여러 번씩 확인했다. 현관문을 잠그거나 냉장고를 닫거나 오븐을 끄고도 자꾸 미심쩍어했다. 엄마가 무언가를 일고여덟 번씩 확인하느라 형과 내가 기다리던 일이 비일비재했다.

엄마는 또 남의 비위를 맞추는 사람이었다. 외할머니에게 배운 대로 사람들이 자신을 어떻게 생각할지에 지나치게 신경 썼다. 엄마가 초등학교에 입학한 날, 집에 와서 외할머니와 나눈 대화를 내게 들려준 적이 있다. 엄마가 그날 어떤 아이들을 만났으며 교사는 어떻게 생겼고 점심은 무엇을 먹었으며 무엇을 배웠는지를 말하자 외할머니는 이렇게 되물었다. "그래서 아이들과 선생님이 너를 좋아하던?"

나는 엄마를 사랑한다. 엄마는 자상하고 사려 깊으며 재미있고 예민하며 강인하다. 내가 가장 닮고 싶은 사람이다. 사실 나는 엄마와 비슷한 데가 많다. 불안도 어려서부터 배운 적은 없는데 자라면서 '물든' 것 같다. 유전적 요인도 있겠지만 양육의 영향인 것은 확실하다. 나는 불안에 시달리면서도 그것을 말로 짚어 낸 적은 없었다. 하지만 행동으로 분명히 나타났다.

어려서부터 나는 볼을 깨물었다(다른 사람의 볼은 아니고 내 볼이다). 스트레스를 받을 때마다 입술과 입안을 물어뜯었다. 이 습관은 고통스러운 데다 구강염까지 유발했다. 고등학교 때 입을 어찌나 세게 깨물었던지 부어서 하루 동안 말을 하지 못한 적도 있었다. 이런 증세를 **만성 볼 깨물기**(morsicatio buccarum)라고 부른다는 것은 나중에야 알았는데, 몸에 집중되어 나타나는 이 반복성 행동은 강박 장애의 징후일 수 있다.

나는 또 익살꾼으로도 칭찬과 보상을 얻었다. 장기 자랑에 능했고 학교에서 웅변팀과 토론팀의 회장을 도맡았다. 타고난

재능도 있지만, 사람들을 웃기는 게 그들의 호감을 사고 눈치와 관계의 어색한 세상을 헤쳐 나가는 쉬운 길임을 이른 나이에 터득했다.

아빠는 만성 골수성 백혈병으로 2년 동안 치료받다가 내가 열한 살 때 돌아가셨다. 당시로서는 실험 단계였던 골수 이식 수술을 전 세계에서 36번째로 받으셨다고 했다. 아빠의 죽음은 작은 우리 가정을 뒤흔들어 놓았고, 나를 위험하고 불확실한 예측 불허의 세상으로 떠밀었다. 나는 외롭고 슬퍼서 이래저래 자신을 달래 보았지만, 그런 자위책도 볼 깨물기처럼 결국 이롭기보다는 피해가 더 컸다.

내면에 문제를 안고 있는 많은 사람처럼 나도 사람들을 돌보는 일로 마음이 끌렸다. 대학에서 깊은 영적 체험을 한 후로 나는 예수를 따르기로 했고, 훈련을 거쳐 병원 원목이 되었다. 그렇게 고난과 불안과 슬픔을 당해 아파하는 사람들 곁에서 10년 가까이 지냈다. 그러다 사람들을 돌보는 소명이 나를 어느 지역 교회 회중에게로 이끌었고, 거기서 다양한 직분의 목양 사역자로 섬겼다. 그러던 중 2013년, 담임목사 은퇴 이후에 후임을 맡을 것을 고려해 보라는 교회의 요청을 받았다. 이후 몇 년은 신바람이 나면서도 참담한 시간이었다.

2015년에 나는 캘리포니아주 남부의 생동하는 큰 교회인

저니 오브 페이스(Journey of Faith)의 담임목사직을 수락했다. 교회가 부흥하던 첫 2년 동안 나는 겨우 지탱했다. 책임이 늘어나면서 여러 새로운 분야에서 만성 염려가 발동했다. 아직 못다 슬퍼한 상실, 습관적 비위 맞추기, 무기력을 낳는 완벽주의도 내 안에서 고개를 쳐들었다.

나는 겉으로는 승승장구했다.

하지만 속으로는 침몰하고 있었다.

불안이 엄습하면서 공황 발작과 불면증이 도졌다. 살도 9킬로그램이나 쪘다. 일요일에 설교는 해야 하니 그나마 볼 깨물기는 때를 가려서 했다. 이 모두가 임계점에 도달한 때는 밤늦도록 설교를 준비하던 중이었다. 그저 표현이 '맞지 않는 것 같아' 단어들을 연속 16시간째 썼다 지웠다 다시 쓰기를 반복했다. 아침에 친한 친구에게 전화를 걸어 이 직위를 수락한 게 잘못인 것 같다고 말했다. 내 생각에 나는 아무에게도 도움이 되지 못할 뿐 아니라 오히려 사람들을 해치고 있을 수도 있었다. 급기야 이런 말까지 나왔다. "어쩌면 교회도…우리 가족도 내가 없는 게 더 나을지도 모르지."

와! 이건 또 무슨 소리인가?

친구도 나도 즉시 깨달았듯이 무언가 문제가 더 있었다. 내게는 도움이 필요했다. 그 분야의 몇몇 아는 사람을 통해 나는 불안 장애 전문이면서 간부급 지도자들을 상대로 일하는 치료사를 찾아냈다. 몇 차례의 면담 결과, 내게 '순수 강박'(purely obsessional; 강박 행동은 없고 강박 사고만 있는 상태—옮긴이)이라는 일종의 불안 및 강박 장애가 있음이 밝혀졌다. 내 경우, 의식처럼 굳어진 행동은 물건을 쟁여 두거나 손을 씻거나 숫자를 세는 게 아니라 '생각을 곱씹는 것'이었다. 생각해서 처리하고 반추하는 일이라면 개인의 성장을 위해서나 직무를 수행하는 데나 적극 권장되던 요긴한 기술인데, 그것이 강박 행동으로 변해 내 몸과 마음과 정신을 죽이고 있었다.

이후 6개월 동안 나는 불안을 배우고 나 자신을 알아 갔다. 알고 보니 나는 완벽주의자가 아니었다. 차라리 완벽주의라는 말은 아주 고상하고 품위 있게 들린다. 나는 강박주의자였다. 확신에 중독되어 불확실한 상태를 견디지 못했고, 심신이 불균형 상태였다. 하나님이 그냥 '고쳐 주셔서' 내 상태가 호전되었으면 좋겠는데, 그렇지 않았다.

그리고 나만 불안에 시달리는 줄 알았는데, 그 또한 틀린 생각이었다.

불안은
누구에게나 있다

우리는 다 불안하다. 불안은 위협이 느껴질 때 따라 나오는 자동 반응이다. 첫 데이트 중이거나, 직장이나 학교에서 큰일을 맡았거나, 밤중에 어두운 데를 혼자 걷거나, 주변에 전염병을 앓는 사람이 있다 하자. 이럴 때 우리 뇌는 몸에 긴장하고 조심하고 대비하라는 신호를 보낸다. 불안을 주문하는 것이다!

불안은 정신적일 수도 있고(믿어야 할 메시지를 준다), 정서적일 수도 있으며(감정을 유발한다), 생리적일 수도 있다(몸에 변화를 일으킨다). 불안이라고 항상 나쁜 것은 아니다. 불안은 우리를 안전하게 지키시려는 하나님의 좋은 선물이며, 우리에게 꼭 필요한 것이다! 그러나 실제 위협이 없는데도 불안하게 느껴진다면 어떻게 될까? 위협이 사라져도 계속 불안하다면 어떻게 될까? 그럴 때의 불안은 나쁜 것이다.

우리의 불안은 잘못 발동되기 일쑤다! 보란 듯이 불안을 자극하는 문화 속에 살고 있기 때문이다. 24시간 돌아가는 뉴스, 속전속결식 삶과 신앙, 수많은 자위책은 우리를 하나님이 주시려는 신뢰와 평안과 건강한 모험의 삶에서 멀어지게 한다.

당신이 이 책을 읽고 있는 이유는 자신이나 사랑하는 누군가가 불안으로 힘들어하기 때문이다. 어쩌면 당신은 거의 매일 이런저런 일로 안절부절못하거나, 걱정하거나, 끝없이 집착할지도 모른다. 당신은 자신에 대한 현실성 없는 기대와 싸운다. 다른 사람에게 창피나 비난이나 비판을 당할까 봐 두렵다. 일상에서 대인 교류가 불편하다. 자기주장이 더 강했으면 좋겠는데 그렇지 못하다. 또는 이보다 더 심할 수도 있다.

어쩌면 특정 상황이나 대상에 대한 생각이 불쑥 쳐들어와 원치 않는 감정과 격한 두려움을 유발했을 수도 있다. 과거에 끔찍한 일을 겪었는데, 새삼스럽게 지금 영문 모를 생각과 감정이 밀려든다. 특정 의식(儀式)을 통해 두려움과 불안을 달래는 법을 익혔는데, 어느새 그런 의식에 의존하게 되었는지도 모른다. 당신은 공황 발작, 즉 당신의 삶을 방해하는 걷잡을 수 없는 불시의 불안감을 경험하고 있을 수도 있다.

이 중 하나라도 남 일 같지 않게 들리는가? 그렇다면 당신만 그런 게 아니다.

우리는 다 불안하다. 그러나 불안에 지배당하지 않고 풍성하고 의미 있게 사는 법을 배울 수 있다. 그것이 이 책의 주제다.

이 책을 읽는 방법

개인 상담을 받는 동안 나는 메모를 많이 했다. 이 주제에 대한 여러 기사와 좋은 책을 읽고 팟캐스트를 들으며 다른 전문가들과 대화도 나누면서, 공감되는 내용이 나올 때마다 스마트폰에 메모해 늘 가까이 두었다. 그것이 나만의 마음 돌봄 안내서가 되었고, 나는 그 길을 따라 더 건강한 습관에 이를 수 있었다. 이 책은 그중 가장 유익했던 내용을 모은 것으로, 내가 권하는 활용법은 다음과 같다.

한 번에 한 장씩 순서대로 읽으라. 이 책은 하루에 한 장씩 읽고 필요한 기술을 배워서 실천할 수 있도록 짤막한 서른 장으로 나뉘어 있다. 여러 장씩 몰아 읽거나 중간에 건너뛰려는 충동을 물리치라. 매번 앞 장에서 그다음 장으로 발전되어 나가기 때문이다. 목표는 30일 만에 책을 주파하는 게 아니라 건강한 습관을 기르는 것이다.

배우는 대로 실천하라. 각 장마다 실천 방안이 나오는데, 이것은 중요하다. 불안에서 벗어나는 기초는 일부 상담 방식과 달리 소위 **인지 행동 접근**(cognitive-behavioral approach)에 있다. 생각이 행동의 변화로 이어져야 한다는 뜻이다. 직접 해 봐야 몸에 익는 법이다. 실천 방안을 다양한 종류로 제시했으니 시도해 보라.

서두르지 말고 필요하다면 복습하라. 30장이라 해서 책을 30일 만에 마쳐야 한다는 부담을 가질 필요는 없다. 어느 한 장에 한동안 머무르고 싶다거나 공감했던 장을 다시 읽고 싶거든 그렇게 하라! 혹시 읽으면서 불안이 느껴진다면, 이는 당신이 중요한 성장점에 부딪쳤기 때문일 수 있다. 포기하지 마라.

아울러 차차 보겠지만 이 책은 불안을 처리하는 원리들을 성경과 통합할 것이다. 당신이 하나님이나 종교나 신앙을 부정적으로 또는 고통스럽게 경험한 적이 있다면, 나와 함께 견뎌 주기를 바란다. 나도 그런 적이 있다. 당신은 이미 그리스도를 따르는 사람일 수도 있고, 한동안 하나님을 떠났다 다시 돌아오는 중일 수도 있으며, 그냥 신앙을 알아보는 단계일 수도 있다. 어느 경우든 당신에게 이 책이 하나님과 함께하는 새로운 삶으로 부르는 초대로 다가왔으면 좋겠다.

**알아 두어야 할
네 가지 원리**

이 책을 시작하려는 우리 앞에는 잘 다져진 길이 펼쳐져 있다. 불안에 대한 좋은 자료가 많이 있는데, 모두 네 가지 원리에 기초한다.

- **정상화**: 불안이란 자연스러운 것이로되 건강하지 못할 수 있음을 받아들이라.
- **노출**: 두려움을 피하기보다 이해하고 부딪치라.
- **습관화**: 새로운 기술들을 활용해 두려움에 둔감해지라.
- **관리**: 건강한 방식을 찾아내 자신과 타인을 향한 하나님의 사랑을 경험하라.

나는 이 책을 원리별로 묶기보다는 각 원리를 책 전반에 걸쳐 여러 방식으로 재배치하는 방식을 선택했다. 그래서 하루에 한 장씩 읽으면 각 원리를 매주 모두 살펴보고 적용하게 된다. 이런 원리를 이해하도록 내게 깊은 영향을 미친 네 명의 사상적 리더는 스콧 사이밍턴(Scott Symington), 제프리 슈워츠(Jeffrey Schwartz), 데이비드 번즈(David Burns), 맥스 루케이도(Max Lucado)다. 그들의 작품을 접해 보면 유익할 것이다. 당신이 이 책에서 읽을 내용은 거기에 기초한 것이다. 다만 그들의 책으로든 이 책으로든 전문가의 도움을 대체할 의도는 없다. 특히 당신이 절망감을 느끼거나 자살을 생각하거나 자해를 경험하고 있다면, 전문가를 찾아 필요한 지원을 받으라.

폭포를
향하여

2012년에 우리 가족은 코스타리카에서 두 주를 보냈다. 목회자와 선교사를 위한 피정의 집에서 묵었는데, 며칠 되지 않았을 때 집주인이 나와 내 아들들을 길 건너의 울창한 열대 우림 입구로 데려갔다. 숲속을 가리키는 화살표와 함께 '폭포'라고 적힌 표지판이 있었다.

"갑시다!" 집주인이 말했다.

"그냥 갑니까? 지도도 없이요?" 내가 물었다.

그는 앞장서며 말했다. "길이 있기는 한데 가끔 바뀝니다. 물소리만 따라가면 그곳이 나오지요." 그래서 우리는 떠났다! 길이 있었지만 가끔 멈추어 잘 살피면서 약간 되돌아야 했다. 마침내 그곳에 도착했을 때는 모든 수고가 아깝지 않았다. 산중의 찬물이 뿜어내는 서늘한 물안개가 눅눅한 대기를 갈랐다.

이튿날 아내에게 함께 폭포에 가자고 했더니 "지도도 없이요?"라고 똑같이 물었다. 나도 들은 대로 똑같이 답해 주었다. "길이 있기는 한데 가끔 바뀐대요. 물소리만 따라가면 그곳이 나오지요."

우리는 떠났다. 캘리포니아주 남부 태생인 둘이서 코스타

리카의 열대 우림 속으로 폭포를 찾아 나섰다. 길은 덜 분명했고, 나는 자꾸 잊어버리며 실수하는 통에 멈추어 생각을 가다듬어야 했다. 가끔 되돌기도 했다. 아내가 길동무로서 격려해 주었다.

결국 우리는 해냈다! 역시 모든 수고가 아깝지 않았다!

불안을 헤쳐 나가는 일도 이 폭포 나들이와 아주 비슷하다. 다른 사람들이 닦아 놓은 길이 있지만, 당신이 직접 찾아나서야 할 길이기도 한다. 당신의 경우는 그들과 약간 다를 수도 있다. 당신은 실수하고 되돌며 새것을 시도할 것이다.

길이 모호할 때면 나는 당신에게 계속 경청하라고 격려하고 싶다. 폭포는 조용하고도 우렁찬 하나님의 사랑의 소리로 예수가 "생명을 얻게 하고 더 풍성히 얻게 하려는 것"(요 10:10)이라 하신 삶을 누리도록 당신을 초대한다. 하나님의 사랑이 한 번의 폭포 나들이로 끝나지 않음을 잊지 마라. 그것은 몇 번이고 다시 오라는 초대며, 다음번에는 다른 누군가를 데려갈 수도 있다.

그럼 이제 폭포로 떠나 보자!

1

뇌 문제일 뿐이니 안심하라

당신의 뇌는 위험을 경고하도록 설계되어 있으나
때로는 거짓 경보를 울린다.
뇌로 인해 감사하되
뇌를 재교육하면 제대로 반응할 수 있다.

사무실에 나 혼자 있는데 화재 경보가 울렸다. 깜짝 놀라면서 이런 생각을 했다. "불이 난 건가? 어느 쪽이지? 밖으로 나가야 하나?" 몇 가지를 챙겨 부랴부랴 복도를 지나다 보니 동료 몇이 휴게실에 모여 있었다. 그중 하나가 내게 말했다. "누군가 토스터로 빵을 구웠는데, 토스터 속에 있는 부스러기가 화재 경보를 울렸네요." 우리는 웃어넘기며 각자 자리로 돌아갔다.

그 후로 몇 주 동안 그런 일이 두어 번 더 있었다. 경보가 울려서 내가 삼싹 놀라 분밖으로 고개를 내밀면 누군가가 토스터를 가리켜 보였고, 그러면 다 같이 눈알을 굴리고는 했다. 서너 번 더 그러고 나자 나는 왜 우리가 토스터를 깨끗이 닦거나 새

것으로 바꾸지 않는지 의문이 들었다. 결국 나는 이런 혼잣말에 익숙해졌다. "진짜 화재라면 누군가 나를 데리러 오겠지."

하루는 내 사무실에서 교인을 접견하고 있는데 또 화재 경보가 울렸다. 그녀는 깜짝 놀란 데다 내가 그 소리에 아무런 반응도 보이지 않자 어리둥절하기까지 하면서 이렇게 물었다. "저…혹시 불이 난 건가요?" 나는 생각해 볼 것도 없이 대답했다. "아닙니다. 불이 아니라 빵입니다."

그 일이 기억에 선한 이유는 그즈음 내가 두려움과 불안과 관련해 뇌가 어떻게 우리를 돕거나 돕지 않는지를 배우던 중이었기 때문이다. 그때 배운 다음 사실이야말로 내가 만성 염려, 불쑥 쳐들어오는 생각, 원치 않는 감정으로부터 해방되는 과정에서 단연 가장 중요한 깨달음이었을 것이다. 즉, 뇌는 신기하게 설계되어 있어 우리를 위협에 반응하도록 돕지만, 오작동을 보일 때도 있다는 것이다.

내가 문 뒤에 숨어 있다가 당신이 들어올 때 "워!" 하고 놀라게 해 준다고 하자. 무슨 일인지 생각하기도 전에 당신의 뇌는 동공을 확대시켜 더 잘 보이게 하고, 부신에 아드레날린을 분비하라는 신호를 보내 기운을 북돋게 하며, 심장에 지시해 손발에 피를 더 보내게 한다. 그렇게 당신을 준비시켜 싸우거나(대항), 달아나거나(도피), 얼어붙거나(일시 정지), 장난을 받아

주는(맞장구) 네 가지 반응 중 하나를 취하게 한다. 이 모든 일이 당신 뇌의 작은 아몬드 모양 부위인 **편도체**(amygdala)에서 이루어진다. 뇌의 위협 중추인 편도체가 그 순간 "두려워하라!"라고 외친다.

그러다 당신이 내 장난을 알아채면 이제 뇌의 사고 부위가 활동을 넘겨받는다. 당신의 호흡이 깊어지고, 심방 박동이 느려지며, 동공이 도로 축소되고, 신경 에너지가 진정된다. 두려워할 이유가 없음을 깨달은 당신은 조금 웃거나 나를 툭 친다.

여기 기쁜 소식이 있다. 당신 뇌의 위협 중추는 생각할 것조차 없이 잠재 위험을 재빨리 감지해 행동에 돌입했다. 당신을 준비시켜 문제에 대처하게 했다. 그러다 위협이 사라지자 뇌가 상황을 재평가했고, 당신의 두려움과 불안은 다른 감정과 다른 반응으로 바뀌었다.

그런데 나쁜 소식도 있다. 때로 우리 뇌는 원상 복귀가 되지 않는다. 위협이나 주관적 위협이 사라졌는데도 심장이 여전히 쿵쾅거리고, 생각은 여전히 날뛰며, 몸에 여전히 기운이 넘쳐날 때가 있다. 뇌와 몸에 그런 일이 벌어지는 동안 우리는 안절부질못하게 된다.

- 위험하지도 않은데 위험하다고 느낀다.

- 자신이 무언가 잘못한 것 같은데 바로잡는 법을 모른다.
- 분명히 깜빡 잊고 무언가 하지 않았는데, 그게 무엇인지 묘연하다.
- 자신의 외모·건강·안전·평판·자존감에 대한 고민이 과해진다.
- 이런 나쁜 감정을 없애는 게 가장 중요한 일이라고 판단한다.
- 하나님, 타인 또는 자신을 놓친 것 같아 겁난다.

이것이 불안이다. 불안은 뇌에서 시작된다.

직장의 화재 경보기처럼 당신의 뇌도 본분을 다하고 있다. 당신에게 위험을 경고해 행동을 준비시키려 한다. 대개 이 일은 당신도 모르게 이루어진다. 얼마나 감사한가!

그런데 때로 당신의 위협 중추는 위협이 전혀 없는데도 발동하거나, 발동한 뒤에 다시 진정되지 않는다. 이것을 **편도체 납치**(amygdala hijacking)라고 한다. 당신의 감정 자아가 사고 자아를 장악해 선의의 거짓 경보를 보내는 것이다.

왜 이런 일이 벌어질까? 정확히는 알 수 없다.

화학물질 때문일 수 있다. 감정이란 뇌의 생화학 반응이며, 우리는 이를 나라는 존재와 내 사고의 표출로 인식한다. 우리가 경험하는 두려움은 편도체에서 나머지 뇌와 몸으로 분비되는 혼합 화학 물질이다.

조건화 때문일 수도 있다. 우리 뇌는 미래에 쓸 정보를 늘 수집한다. 무언가를 늘 두려워했다면 뇌가 그 공포를 그대로 지속시킨다. 그래서 학습된 두려움에 대해서는 이제부터 탈학습이 필요할 수 있다.

불안과 두려움은 본래 우리 유익을 위한 것이지만, 어떤 이유로든 문제를 유발할 수 있다.

"걱정하지 마라!"라고 말하는 사람은 우리를 설득해 불안에서 벗어나게 하려는 것이다. 하지만 그렇게 간단하지 않다. 선의의 충고나 속담은 불안한 우리에게 별로 도움이 되지 않는다. 오히려 죄책감이나 당혹감을 안겨 줄 때가 많다. 우리는 불안을 바라지 않는다. 불안을 다스리는 일이 결국은 상근직 업무처럼 느껴질 수 있다.

하지만 희망이 있다! 이 여정을 소위 **정상화**(normalization)에서부터 시작해 보자. 정상화란 불안이 자연스러운 현상임을 받아들일 줄 아는 것이다.

실천 방안

1. **잠시 멈춰 감사하는 마음을 가져 보라.** 불안하거나 두려운 마음이 생기거든 적당한 자리를 찾아 앉으라. 심호흡을 하고, 바닥에 닿은 발을 느끼며, 몸과 주변 정황을 인식하라. 시편 139:13-14을 읽으라. "주께서 내 내장을 지으시며 나의 모태에서 나를 만드셨나이다. 내가 주께 감사하옴은 나를 지으심이 심히 기묘하심이라." 이런 간단한 연습은 당신이 속도를 늦추고, 이 순간에 자신이 현존함에 조용히 감사하는 데 도움이 될 수 있다.

2. **뇌를 탓하라.** 내가 배운 진리로서 최고의 해방을 가져다준 것 중 하나는, 모든 책임을 내가 지지 않고 뇌에게 일부 넘기는 것이다. 당신의 편도체는 과민해져 있다. 그러니 마땅히 거기로 책임을 돌리라. 이제부터 당신은 자신의 건강만 책임지면 된다. 그러려면 우선 받아들여야 할 게 있다. 당신 안에 벌어지는 일의 일부는 신경계와 화학물질의 소관이며, 당신의 통제와 선택과는 무관하다는 것이다.

3. **자신의 감정을 해결치 않아도 된다고 허락해 주라.** 자신의 불안에 대해 불안해지는 것은 아주 흔한 일이다. 뇌가

여러 해째 해 오던 일을 당신이 중단하려 하면 자칫 좌절과 자책과 탈진에 빠질 수 있다. 이것은 시간이 꽤 걸리는 일이다. 다음번 불안해질 때는 말로 자신을 격려해 주라. 이제 시작일 뿐이며 꾸준히 하면 나아질 거라고 환기시켜 주라.

2

불확실성을 수용하라

불안은 일종의 불-편함이다.
미지의 영역이 곤란하게 느껴지는 것이다.
마음의 평화를 얻으려면
불확실성을 더 용납할 줄 알아야 한다.

내 친구 조너선(Jonathan)에게는 셀리악병(celiac disease)이 있다. 이 소화계 질환은 몸에 글루텐이 흡수되면 면역계를 자극해 소장을 공격한다. 글루텐은 밀이나 보리, 호밀이 들어간 음식물에 함유된 단백질이다. 글루텐 과민증이 도지면 소화 불량, 피로, 짜증, 우울 등 다양한 건강 문제를 유발할 수 있기 때문에 조심해야 한다.

친구는 아주 활동적이고 건강하며 매사에 긍정적이다. 셀리악병과 자신에 대해 많이 배웠기 때문이다. 식단 관리도 훌륭하다. 섭취물을 관리해 건강을 유지하는 법을 배웠기 때문이다. 나는 글루텐을 무척 좋아하는지라 조너선의 글루텐 과민증에는 공감할 수 없다. 나야 글루텐이 많을수록 좋다! 그래도 그에게 공감할 수 있는 이유는 나 또한 과민증이 있기 때문이다.

바로 불확실성에 대한 과민증이다.

불안은 미지의 영역에 부딪칠 때 나타나는 자연스러운 반응이다. 누구나 다 미지의 영역과 불확실성에 부딪친다. 그래서 우리는 묻는다. 내 건강, 가정, 직장, 재정, 우정, 날씨, 일정은 어떻게 될까?

불확실한 상황을 즐기는 사람도 있다. 그들은 변화를 좋아하며, 반복되는 일과에 금방 싫증을 낸다. 그들의 좌우명은 "고장 나지 않거든 고장 내라!"이다. 우리가 불안이라 부르는 것을 그들은 전율이라 부른다! 미지의 영역도 그들에게는 신나는 모험이다. 나는 거기에 공감할 수 없다.

나는 예측 가능한 게 좋고, 위험한 게 싫다. 앞일을 알고 싶다. 그래야 대비할 수 있으니 말이다. 상황이 불확실할수록 내 울렁증도 심해진다. 불확실성에 대한 과민증이 도지면 나는 감정 기복, 짜증, 불면증, 논리 비약이라는 네 가지 증세를 보인다.

조너선처럼 나도 섭취물(보고, 읽고, 듣는 것)을 잘 살펴야 한다. 그러나 그의 병과는 달리 내 불편함을 안고 전진하려면, 나는 불확실성을 외면하지 않고 수용해야 한다.

불안의 관건은 통제다. 삶의 불확실한 부분을 알고 대비하려는 것이다. 대비하려는 마음은 잘못된 것이 아니며, 오히려 책임감이다. 다만 삶이 워낙 불확실성으로 가득 차 있어 모든 일에 대비하기란 어차피 불가능하다.

불안으로 고생하는 우리라 해서 사사건건 다 불안한 것은 아니다. 아마 그래서 불안이 그토록 종잡을 수 없는 것같다. 불안한 사람은 대개 사려 깊고, 생산적이며, 인정이 많다. 우리도 늘 위험을 무릅쓰고, 각종 새로운 상황에 아무 문제 없이 뛰어든다. 그런데 유독 어떤 부분에서만 불안이 최고조에 달한다! 나는 스카이다이빙도 해 보았고, 경주용 자동차도 몰아 보았다. 매주 수천 명의 사람 앞에서 말하기도 한다. 그래도 문제가 없다! 그런데 친교 행사에서는 몹시 불안해지고, 사람들에게 부정적 영향을 미칠 수 있는 중대한 결정을 내려야 할 때도 마찬가지다.

당신을 불안하게 하는 것은 무엇인가?

불안은 통제 불능으로 느껴질 때 찾아오는데, 그런 때가 사람마다 다 다르다. 정서가 불안해지면 우리는 어떻게든 그 기분을 떨치려 한다. 어떤 면에서 불안은 단지 불확실성에 대한 과민증이 아니라 확실성에 대한 중독이다. 확실성과 통제를 우상화하는 우리 문화가 이 중독을 악화시킨다. 우리는 신비가 벗겨지고, 문제가 해결되며, 의심이 걷히기를 원한다.

내 불안 문제를 처음 깨달았을 때, 나는 우리 교회의 믿을 만한 지도자 몇을 찾아가 이렇게 기도를 부탁했다. "저는 불안 때문에 고생하고 있습니다. 알 수 없는 불확실한 부분들이 저를 힘들게 하네요. 머릿속에 이런 잡다한 의문이 듭니다. 나는 좋은 사람일까? 내 일을 제대로 하고 있을까? 사람들이 나를 못마땅해하지는 않을까? 미래를 맞이할 준비가 되어 있을까? 확신과 확증을 찾으려 하지만 결코 충분치 않습니다. 그래서 제게 기도가 필요합니다. 불확실성과 더불어 살아가는 법을 배우게 해 달라고 기도해 주십시오."

그들은 아주 너그러웠다. 나를 빙 둘러서서 사랑으로 내 어깨에 손을 얹고 차례로 기도했다. "하나님, 제이슨에게 하나님이 그와 함께 계심을 의심의 여지없이 알게 하소서. 자신이 좋은 사람이며 일을 잘하고 있음을 확실히 알게 하소서. 그것이 우리에게 분명한 만큼이나 그에게도 분명하게 하소서. 그에게 이런 확신을 주심을 감사합니다. 아멘!"

기도가 끝나자 나는 그들에게 잠시 앉아 달라고 한 뒤 말했다. "여러분을 사랑합니다. 기도해 주셔서 정말 감사합니다. 그런데 제 말을 이해하셨는지 잘 모르겠군요. 그 기도는 제게 필요한 것과는 정반대입니다. 제게 필요한 것은 확실성이 아닙니다. 저는 이미 확신에 중독되어 있어요. 그게 자꾸 도져서 불확실성에 대한 이 불안감을 없애려고 이 사람 저 사람, 이 기도 저 기도, 이 책 저 책, 이 행동 저 행동을 전전하는 겁니다. 제게 필요한 것은 불확실성을 수용하는 것입니다."

그들은 내 부연 설명을 듣고, 기도를 다시 해도 되겠느냐고 묻고는 이렇게 기도했다. "하나님, 하나님의 사랑을 우리가 믿든 느끼든 혹은 그렇지 않든 하나님은 우리를 사랑하십니다. 감사합니다. 확신이 가능한 부분에서는 제이슨에게 확신을 주시되, 확실하지 않을 때도 계속 하나님을 신뢰하며 본분에 충실하게 하소서. 힘들 때 사랑으로 그의 말을 들어줄 수 있는 사람을 주위에 보내 주소서. 아멘."

알 수 있는 부분과 알 수 없는 부분이 균형을 이룬 멋진 기도였고, 내가 좋아하는 성경 구절 하나를 떠올리게 했다. "감추어진 일은 우리 하나님 여호와께 속하였거니와 나타난 일은 영원히 우리와 우리 자손에게 속하였나니"(신 29:29). 삶의 어떤 것은 늘 신비에 가려져 있게 마련이지만, 꼭 알아야 할 것은 사랑의 하나님이 우리에게 알려 주신다.

우리의 여정은 계속된다. 여태까지 우리는 정보를 찾으려고 많은 시간을 들여 책이며 인터넷 기사들 미친 듯이 뒤졌고, 안심을 얻으려고 사람과의 긴 전화 통화에 매달렸으며, 미지의 문제에 답해 보려고 밤잠을 이루지 못했다. 이제 그 모두에서 손을 떼 보자. 불확실성이 나쁜 것이 아니라 정상이라는 개념을 받아들여 보자. 불확실성은 삶의 일부고, 인간이라는 신비로운 존재의 일부다. 직관에 반하는 것처럼 느껴질지 모르지만 이야말로 전진의 길이다.

실천 방안

1. **확실한 것의 목록을 작성하라.** 당신이 확신하는 가치관과 신념과 소신을 쭉 열거하라. 예컨대, 당신은 자신이 완벽하게 건강하다는 확신은 없을지라도, 분명히 이 책을 읽을 만큼은 그리고 당신을 사랑하는 사람들과의 관계를 가꿀 만큼은 건강할 것이다. 당신의 가치관, 신념, 관계, 기술뿐만 아니라, 객관적 진리도 포함하라. 문득 자신이 미지의 영역에 치중하고 있거든, 이 목록을 다시 보면서 확실히 아는 부분을 딛고 서라.

2. **불확실성의 지경을 넓히라.** 불확실한 부분을 하나 정해서 그것부터 시작하라. 확실한 해법이 없어 보이는 한 가지 상황, 관계 또는 쟁점은 무엇인가? 많겠지만 하나만 골라서 실험하라. 이 책을 다 읽을 때까지 그 문제를 미결로 남겨 둘 수도 있다. 확실성을 찾으려 하기보다 "아직

모른다"라고 말해 보라. 그 말이 실패의 자인처럼 느껴질 수 있지만, "모른다"라는 말이 현실을 수용하는 고백이라고 생각을 바꾸어 보라. 목표는 불확실성을 없애는 게 아니라, 그것과 더불어 살아가는 법을 배우는 것이다.

3. **불확실한 것은 하나님께 맡기라.** 불확실성 때문에 불안해지거든 잠시 하나님과 함께 조용한 시간을 보내라. 기도나 심호흡도 좋고, 함께 계시는 하나님을 떠올리기만 해도 좋다. 이 순간만은 불확실성을 하나님이 사랑으로 쓰고 계신 당신 삶의 훨씬 더 큰 이야기의 일부로 받아들여 보라.

3

보유하기 전에 관찰하라

생각이 불쑥 쳐들어와
원치 않는 감정을 유발할 때는
그런 생각과 감정을 경험만 하고
거기에 동조하지는 않는 습관을 기를 수 있다.

하루는 아내 마리(Marie)가 당황해하면서 내게 외쳤다. "제이슨, 지금 막 내 소프트웨어에 심각한 문제가 있다는 경고가 떴어요. 자기네 회사가 도와 줄 수 있다면서 내 노트북에 접속하게 해 달라네요. 바이러스에 감염됐나 봐요!"

화면에 뜬 글을 읽노라니 두 가지가 확실해졌다. 첫째로, 경고문이 말하는 그 소프트웨어는 우리에게 아예 있지도 않았다. 둘째로, 메시지에 오타가 여럿이었다. 우리는 경고문을 잠시 관찰하고 나서 무시해 버렸다.

그 경고는 **피어웨어**(fear-ware)라는 것이었다. 사람들에게 겁을 주어 사기를 치려는 모든 광고나 팝업이나 미끼를 그렇게 부르는데, 이런 시도는 컴퓨터가 주는 정보라면 누구나 다 믿을 거라는 전제하에 이루어진다. 우리도 속을 뻔했다.

그런 면에서 우리 뇌도 컴퓨터와 같다. 자신의 생각을 다 믿어서는 안 된다. 자신의 정체성이나 신념이나 갈망을 대변하지 않는 생각과 감정은 누구에게나 들게 마련이다.

어쩌면 당신도 생각과 감정에 대한 다음 세 가지 신화 중 하나를 믿어 왔을지 모른다.

신화1: 내 모든 생각을 내가 통제할 수 있다. 물론 통제할 수 있는 생각도 있지만 그냥 생각이 '불쑥 튀어나올' 때도 있다. 이것을 **자동적 사고**라 한다. 자동적 사고는 누구에게나 있다. 굳이 선택하지 않아도 늘 아이디어와 정보가 머릿속으로 튀어나온다.

영화 〈고스트버스터즈〉(*Ghostbusters*)의 한 장면이 떠오른다. 눈에 보이지 않는 어떤 악한 존재가 뉴욕을 파괴하려 한다. 악한 존재는 유령 사냥꾼들이 그 순간 무엇을 생각하든 자신이 바로 그 모습으로 변신할 거라고 예고한다. 그래서 그들은 머릿속 생각을 전부 비우기로 즉시 합의한다. 그런데 몇 초 만에 그 악한 존재가 그들의 유년기 기억 중 하나의 형상으로 나타나 뉴욕을 파괴하기 시작한다. 바로 찐빵 유령이다. 그 생각을 누가 했는지 그들이 궁금해서 둘러보자, 문제의 유령 사냥꾼이 이렇게 자수한다. "나도 어쩔 수 없었어. 그냥 튀어나왔다고!"

신화2: 자동적 사고는 실제 나를 대변한다. 우리 중 많은 사람이 덫에 빠져 다음과 같이 믿는다. 내 모든 생각과 감정은 내 참자아의 응어리에서 또는 내 인성의 근원에서 피어오른다는 것이다. 그러나 대부분 자동적 사고와 감정에는 아무런 의미도 담겨 있지 않다.

근래 나는 라스베이거스에 갔었다. 어느 발코니에서 시내 중심가를 내려다보는데 문득 상상 속에서 내가 아래로 뛰어내리고 있었다. 당신도 그런 생각이 든 적이 있는가? 높은 곳에 서 있는 사람에게 드물지 않게 있는 일인데, 그렇다고 대부분 자살을 생각하는 것은 아니다. 그런데 왜 그럴까? 확실히 알 수 없다. 자신이나 타인을 해치는 생각이 자동으로 들었다 해서 당신이 정말 그러기를 원하거나 그러도록 되어 있거나 그래야 한다는 뜻은 아니다.

신화3: 내 느낌이 그렇다면 사실일 수밖에 없다. 우리 문화가 이 신념을 고착시킨다. 게다가 우리가 종종 감정에 기초해 결정을 내리다 보니 이 신화가 설득력을 얻는다. 하지만 무언가 느낀다고 해서 그것이 사실이라는 뜻은 아니다.

얼마 전에 나는 죄책감이 들어서 친구에게 전화해 물어보았다. "며칠 전에 통화할 때 내가 자네 기분을 상하게 했던가?

자꾸 그런 기분이 들어서 말이지."

"아니!" 그가 말했다.

더 설명이 오간 뒤 그가 덧붙였다. "그 느낌이 들었을 때 바로 나한테 전화했더라면 자네가 며칠 동안 걱정할 일도 없었을 텐데." 감정에 어떻게 반응해야 할지 분간하려면 먼저 자신의 감정을 잘 살펴야 한다.

사고와 감정에 대한 이 세 가지 신화는 우리를 염려와 의심과 혼란의 악순환에 빠뜨릴 수 있다. 우리가 자동적 사고와 감정을 자신의 핵심 가치관, 신념, 소신으로 착각하기 때문이다. 따라서 장기 치유를 위한 중요하고 건강한 습관은 사고와 감정을 보유하기 전에 먼저 관찰하는 것이다.

내 스마트폰에는 헤드스페이스(Headspace)라는 앱이 있는데, 이 앱의 창시자들은 우리에게 길가에 앉아서 오가는 자동차 행렬을 바라보는 자신을 상상할 것을 권한다. 큰 차와 작은 차, 빠른 차와 느린 차, 종류와 색깔이 각기 다른 차가 이쪽 차선에도 있고 반대쪽 차선에도 있다. 이 모든 자동차는 우리의 생각과 감정을 상징한다. 우리에게 당장 드는 충동은 통행량이 많은 그 도로로 뛰쳐나가 교통 정리를 시작하는 것일 수 있다. 그러나 그들은 그냥 앉아서 교통 흐름을 관찰하는 자신을 상상할 것을 권한다.

개념은 단순하다. 생각이나 감정이 머릿속으로 튀어나오면, 그것을 믿거나 수정하거나 차단하지 말고 그냥 중립적으로 인지하라. 원치 않는 생각과 감정의 존재를 인정하면, 불안도 차분히 인정하면서 대응할 수 있다. 이 또한 정상화의 일부로서, 우리를 준비시켜 장기 치유의 다음 단계로 넘어가게 한다.

나는 몇 주 전에 이것을 내 삶에 적용했다. 이번 장을 쓰려고 앉았는데 불현듯 원치 않는 생각과 감정이 밀려왔다. 다리가 후들거리고 집중력이 떨어지면서 머릿속으로 이런 생각이 튀어나왔다. **이 책은 아무에게도 도움이 되지 않을 거다!** 이 생각을 몰아내려는 생각부터 들었지만, 이번에는 잠시 관찰하기로 마음먹고 이렇게 생각했다. **다리가 후들거리고 생각이 날뛰다니 이것 참 흥미로운걸.** 자멸의 메시지를 믿기보다는 속으로 이렇게 말했다. **와, 내 머릿속으로 정말 비판적인 생각이 튀어나왔군.**

다른 점이 보이는가? 나는 생각과 감정을 보유하기보다 최대한 중립적으로 그냥 관찰했다. 그러면 이런 의문이 들 수 있다. "하지만 그 생각이 틀린 생각이라면, 그때는 바로잡고 바꾸고 고쳐야 하지 않을까?" 물론이다. 그것은 **인지 재구성**(cognitive restructuring)이라는 더 큰 과정의 일부다. 그때부터는 생각과 감정을 다르게 처리하고 그것을 우리의 핵심 신념과 실재에 더

일치시켜야 한다. 이 내용은 나중에 살펴볼 것이다.

여기가 자기 수용(self-acceptance)의 중요성을 상기시켜 주는 좋은 지점이다. 브레넌 매닝(Brennan Manning)은 "진정한 자기 수용의 출처는 긍정적 사고, 심리전, 대중 심리학의 위력이 아니라, 은혜의 하나님을 믿는 행위다"라고 말했다(『한없이 부어주시고 끝없이 품어주시는 하나님의 은혜』, 규장). 우리의 불안은 착한 사람이 되고 결정을 잘 내리려는 선의의 바람에서 다분히 비롯한다. 불안한 사람일수록 책임감이 강하다. 자기 수용은 그 막중한 책임을 온전히 하나님께 맡기고 예수 안에서 안식하는 법을 배우는 길이다.

실천 방안

1. **자동적 사고와 감정에 이름을 붙이라.** 다음번에 생각이나 감정이 그냥 머릿속으로 튀어나오거든, 멈추어 '자동적 생각 또는 감정'이라는 이름을 붙여 주라. 자신에게 이렇게 말하라. 그 생각이나 감정은 당신이 선택한 게 아니며, 따라서 하나님이 당신에게 즉각 그대로 믿거나 순종할 것을 요구하지 않으신다고 말이다. 그것이 반드시 당신의 정체성이나 신념을 또는 진리를 대변하지는 않는다

고 자신에게 환기시켜 주라.

2. **비판이 배제된 중립적 어휘를 사용하라.** 자동적 사고나 감정이 들 때, 그것 때문에 자신을 비판하지 마라. 그것이 **너는 못생겼어** 같은 비판적 메시지라면 이런 식으로 장난스럽게 맞이해 보라. **불청객 생각이여, 안녕하신가!** 불안이 몸으로 나타나거든 몸의 느낌을 그대로 표현해 보라. 예컨대, "너무 두렵다. 나는 정말 겁쟁이야"라고 말하기보다 "심장이 두근거리고 손에 땀이 난다"라고 말해 보라.

3. **생각과 감정에 대해 자신이 믿는 신화를 파악하라.** 이번 장에 나오는 세 가지 신화를 다시 읽어라. 당신이 가장 강하게 공감하는 것은 무엇인가? 이 신화는 '교육된' 것인가, 아니면 자라면서 '물든' 것인가?

4

중간중간 정차하라

불안을 경험할 때마다,
자신에게 뭐라고 말하고 어떻게 반응할지를
결정할 수 있는 인식의 순간이 있다.
그 순간을 최대한 활용하라.

나스카(NASCAR, 미국 개조 자동차 경주 대회)에서 일하는 내 친구가 나를 초대해 임원용 특별실에서 경주를 관람하게 해 준 적이 있다. "나스카는 좌회전을 좋아하는 사람에게 압권이다"라는 말이 있지만, 직접 가 보니 좌회전만 대단한 게 아니었다. 나는 전율을 느끼며 시종 친구에게 많은 것을 물었다. 다음은 내가 거기서 배운 내용이다.

운전자가 시속 160킬로미터 이상으로 회전과 직진을 반복하다 보면 두 가지 일이 발생한다. 타이어가 마모되고 연료가 떨어진다. 당연한 일이다. 하지만 타이어가 닳고 연료통이 비었다고 해서 경주를 끝낼 수는 없다. 결단의 순간에 운전자는 이렇게 물어야 한다. "정차 장소에 들어설 것인가, 아니면 내처 달릴 것인가?" 이것이 경주의 승패를 가를 수 있다.

경주 중반쯤에 친구가 "정차 장소로 내려가 보고 싶나?"라고 묻기에 나는 "어…좋지!"라고 반색했다. 정차 장소에 들어서는 차를 구경한 적이 있는가? 정말 대단한 볼거리다. 타이어가 교체되고 연료가 보급되며 이것저것 조정되고 나면 운전자는 '출발' 신호를 받고 경주에 복귀한다.

이 모두가 10초 안에 끝난다.

10초가 그날의 결과를 송두리째 바꾸어 놓을 수 있다.

우리는 큰 문제일수록 그것을 해결하려면 오랜 시간—어쩌면 여러 해에 걸친—의 심층 심리 치료나 투약이 필요하다고 생각하는 경향이 있다. 그러나 여러 연구 결과에 따르면, 우리의 학습된 사고와 감정의 틀을 고치는 데도 나스카 경주처럼 10초가 엄청난 효과를 발휘할 수 있다.

불안과의 싸움을 경주용 자동차의 탈탈거리는 엔진이라고 상상해 보라. 만성 염려, 불쑥 쳐들어오는 생각, 원치 않는 감정에 부딪칠 때, 마치 당신의 연료가 떨어져 가고 타이어가 마모되는 중이라고 상상해 보라. 무언가 잘못된 것 같아서 당신은 차를 세우고 내리거나 그냥 브레이크를 확 밟고 싶을 수 있다. 그러지 말고 이제 정차 장소에 들어서 보라. 10초면 충분할 수도 있다.

나는 다음과 같이 중간중간 정차한다.

내게 도움이 필요함을 인식한다. 일단 자신에게 "지금 나는 불안하다"라고 말한다. 이것은 공황 장애처럼 쉽게 인식될 때도 있고, 깊은 한숨처럼 미묘해서 나보다 남이 먼저 알아차릴 때도 있다. 이 첫 단계가 내게는 가장 힘들었다. 그전까지는 불안을 무시하거나 돌파하거나 몰아내려는 것이 나의 대처법이었기 때문이다. 정차의 필요성을 인식하는 것이 첫걸음이다.

하던 일을 잠시 멈춘다. 못내 불안한 순간이면 마치 내가 제멋대로 움직이는 것같이 느껴진다. 심장 박동이 빨라지고, 다리가 후들거리며, 생각이 사방으로 날뛰거나 제자리를 맴돈다. 이럴 때는 뇌를 껐다 켜는 게 좋다. 그래서 나는 몸자세를 바꾸거나, 심호흡을 하거나, 목을 풀거나, 마음을 진정시키는 향기를 맡거나, 다른 일에 집중하거나, 조용히 기도한다. 나스카 운전자처럼 이런 식으로 내 '감정 자아'(feeling self)로부터 핸들을 점잖게 도로 넘겨받아 예정대로 경주를 계속하는 것이다.

나 자신에게 10초를 허용한다. 내가 자신을 돌보지 않는 가장 큰 구실은 "시간이 없다"라는 것이다. 나는 의욕적이고 책임감이 강한 타인 중심형 인간이다. 나를 챙기다가 더 숭요한 것들을 놓칠까 봐 우려한다. 그러나 나스카 운전자의 경우, 10초는 용의주도한 전략적 시간 활용이다. 불안한 순간 내게는 그 시간이면 충분하다!

불안을 제대로 지칭한다. 잠시 정차할 때면 나는 불안을 순전히 그 실체대로 지칭하려 한다. 다시 말해, 불안은 뇌에서 생성되는 통제 불능의 느낌으로, 반드시 실재를 대변하지 않을 수 있다. 또한 나는 내 머리, 몸, 마음에서 벌어지는 일을 파악하려 한다. 혼란, 분노, 외로움, 슬픔, 초조함이 느껴지는가? 무슨 일이 벌어지는지 모를 수 있지만, 그래도 괜찮다. 지금 나는 불안을 해결하거나 고치거나 몰아내려는 게 아니다. 그냥 10초 내에 그것을 불안으로 지칭하려는 것뿐이다.

실전 기술을 활용한다. 이 마지막 단계에서는 여태 배운 모든 기술 중에서 어느 기술이 내 독특한 상황에 가장 잘 적용될지를 판단한다. 나스카 운전자에게 필요한 것이 정차할 때마다 다를 수 있듯이, 불안한 순간에 대한 해법도 매번 똑같지 않다. 지금 나는 단순하게 또는 연약한 모습으로 기도해야 할까? 핵심 신념을 따져 보아야 할까? 사랑하는 사람에게 손을 내밀어야 할까? 건강한 습관을 누려야 할까? 감정에 머물며 그것을 더 드러내야 할까? 염려를 염려 상자에 넣어야 할까? 물을 좀 마셔야 할까? 그냥 결단해야 할까? 이 부분에서 이 책이 유용할 것이다!

당신은 아마 이런 생각이 들 것이다. **이 모두가 10초 만에 이**

루어진다고? 그렇다. 불안이 밀려와 우리를 혼란에 빠뜨리는 데 몇 초밖에 걸리지 않듯이, 통제력을 되찾는 과정에 착수하는 데도 몇 초면 된다. 그중에서도 가장 중요한 것은 정차의 필요성을 인식하는 단계다. 이것은 선택 내지 '주도'의 순간이다. 이 인식의 순간부터 당신은 통제력을 되찾기 시작할 수 있다.

실제로 해 보면, 중간중간 정차할 순간을 뒤늦게야 깨달을 수도 있다. 이런 말이 절로 나올 것이다. "이런, 멈추어 마음을 가다듬을 수 있는 명쾌한 인식의 순간이 있었는데 내가 놓쳤군." 그럴 때 자책하지 마라. 이제라도 알아보지 않았는가! 다시 기회가 오거든 그때 잡으면 된다. 나는 그럴 때 자신을 정차 장소 진입을 놓친 나스카 운전자라고 상상한다. "한 바퀴 더 돌고 들어가면 되지"라고 혼잣말한다.

실천 방안

1. **불안할 때, 자신에게 10초를 주라.** 다음번에 불안하게 느껴지거든, 10초를 의식적으로 자신을 위해 쓰도록 하라. 심호흡하면서 자신에게 지금 나는 불안하다고 말하라. 작은 소리로 천천히 열을 세라. 1장의 실천 방안처럼, 이 순간에 자신이 현존함에 잠시 감사하는 시간을 가져 보라.

2. **필요하다면 10초 이상도 내라.** 할 수 있다면 당신 몸에 벌어지는 일에 대한 몇 가지 생각, 감정, 관찰을 기록하라. 내 전화기에는 순전히 이 용도를 위한 메모장이 있다. 사람들과 동석한 자리에서 짬을 내야 할 때면, 양해를 구하고 화장실에 가서 기록하고 "내 뇌를 껐다 켠다." 목표는 당신 자신에게 잠시나마 시간을 주어 마음을 추스르고 삶에 복귀하는 것이다.

3. **감정 일지를 작성하라.** 불안한 순간, 불쑥 쳐들어오는 생각, 원치 않는 감정 등을 추적하면 당신의 불안에 내재된 패턴을 찾아낼 수 있다. 당신이 특정한 때, 특정 상황 또는 특정 사람들과 함께 있을 때, 더 불안해지는 게 보이는가? 감정 일지를 작성하면 향후에 준비된 모습으로 더 좋은 결정을 내릴 수 있다. 내 감정 일지를 사례로 소개한다. 감정 일지는 인터넷에서 다운로드할 수 있고, 감정을 추적하는 모바일 프로그램들도 있다.

표 4.1 감정 일지

감정 일지	계기	생각	감정	강도	비고
일요일	아침 예배	설렌다!	고무됨, 기쁨	8	
	저녁 예배	더 잘할 수 있었는데. 누군가에게 도움이 되기는 했을까?	우울, 초조함	6	귀갓길에 감정적으로 힘들다. 어떻게 하면 운전을 더 좋은 상태에서 할 수 있을까?
	저녁 운동	혼자 있는 시간이 필요하다.	평안, 카타르시스	8	
월요일	공부 시간	하나님, 타인, 나를 위한 중요한 시간이다.	활력, 호기심, 감사	7	오후가 아니라 꼭 오전에 해야 한다.
	이메일 답신	지금 해야겠다.	성취감, 안도	6	하기를 잘했다.
	비판자와의 대화	사람들은 나를 이해 못 한다.	분노, 혼란	7	진이 빠진다. 언제, 어떻게 다르게 할 수 있을까?
	오후 회의	이 자리가 싫다.	기진맥진, 반감	4	
	저녁 운동	운동할 기분이 아니지만 미래의 내가 고마워하겠지.	결의, 반감	4	유익한 일에도 감정이 따라 주지 않을 때가 있음을 기억하라.
화요일	교역자 회의	이 사람들과 함께 일하는 게 영광이다.	감사, 행복	8	
	동료와의 점심 식사	무엇을 위한 시간인지 모르겠다.	생각이 많아짐, 고민	6	예상과 달랐다.
	병원 심방	더 자주 못 해서 아쉽다.	목표 의식, 충족감	9	심방 시간을 더 내야 한다.

55

	학교에서의 저녁 강의	재미있으나 직업으로는 싫다.	활력, 기쁨	9	
수요일	오전 회의	내가 무엇을 하고 있는지 모르겠다.	초조함, 불안	7	회의를 오후에 해야겠다.
	인적 자원에 대한 토의	사람들이 공정한 대우를 받는 것은 내게 중요한 문제다.	책임감	6	이 부분을 어떻게 더 잘할 수 있을까? 중요성을 충분히 기념할 여유가 있는가?
	가족 모임	혼자 있고 싶다!	스트레스, 거리감	4	
	저녁 운동	할 게 너무 많다.	스트레스	6	
목요일	리더십 훈련	나는 좋은 리더인가?	궁금증, 자족	8	
	공동체 모임	얼마나 훌륭한 사람들인가!	행복	8	더 자주 하고 싶다.
	재정 회의	으악!	좌절, 불안	4	더 뜸했으면 좋겠다.
	저녁에 한 세금 신고 준비	너무 정리가 안 돼 있다.	좌절, 두려움	10	정리정돈을 잘하고 준비성이 좋은 내게도 이것만은 방아쇠다.
금요일	가정집 알뜰 시장 구경	나만의 시간!	느긋함, 호기심	10	
	가족과 함께 쉬는 시간	좋기는 한데, 그래도 무언가 해야 하지 않을까?	느긋함, 초조함	9	무위도식의 긴장과 더불어 사는 법도 배우라.
	저녁 운동	몸을 관리하고 있어서 다행이다.	가뿐한 몸, 의욕	8	

토요일	집수리	누가 도와주었으면 좋겠다.	결의, 좌절	6		
	아내와의 데이트	그냥 은퇴하고 늘 이렇게 지낼 수는 없을까?	행복, 평안	10	미리 좀 더 계획했더라면 좋았을 텐데.	
	저녁에 한 설교 연습	긴장되면서도 재미 있다.	설렘, 희망	9	실패작이 될까 봐 은근히 두렵다.	

5

당신은 혼자가 아니다

불안은 고독 속에서 자란다.
창피하다고 혼자 있을 게 아니라
당신의 불안 속으로
하나님과 믿을 만한 사랑하는 이들을 초대하라.

내 딸은 어려서부터 독방을 썼다. 자기 방을 아주 좋아했는데, 잠잘 때만은 예외였다. 혼자 자는 게 무서웠던 것이다. 그래서 나는 책을 읽어 주고 기도해 준 뒤, 딸이 잠들 때까지 잠시 함께 누워 있고는 했다. 이것이 딸에게 큰 위안이 되었다. 그 시절을 돌아보면 그렇게 딸 곁에 있어 주기를 참 잘했다는 생각이 든다.

그중 하룻밤이 특히 내 기억에 선하다. 우리는 책을 읽고 기도하고 불을 껐다. 어둡고 조용했다. 누운 지 10분쯤 되었을 때 딸이 "아빠, 아직 여기 있어요?"라고 가만히 묻더니 그렇나는 내 말을 듣고는 금세 잠들었다. 몇 밤이 지나서 내가 그때 일을 묻자 딸은 이렇게 답했다. "내가 아직 깨어 있는데 아빠가 벌써

갔나 싶을 때가 있거든요. 곁에 있는지 물어보려면 잠시 망설여져요." 그 잠시 동안 자신이 혼자인가 싶어 아득했을 딸을 생각하니 마음이 아팠다.

불안은 외롭다. 당황과 초조한 생각과 두려움과 고민으로 못내 불안한 순간이면, 우리를 도와줄 사람이 아무도 없는 것처럼 느껴진다. 그 어둡고 조용한 순간의 내 딸처럼, 우리의 불안한 마음도 묻는다. "거기 누가 있나요? 내 심정을 이해해 줄 사람이 있나요? 나 혼자인가요?"

당신은 혼자가 아니다.

혼자처럼 느껴질 수 있지만 그렇지 않다.

불안이 창피할 수 있다. 아주 정상적인 감정이다. 자신의 고충을 아무도 이해하지 못한다고 느껴 숨는 경우도 있다. 그게 더 안전하게 느껴진다. 우리는 미지의 영역에 안심할 수 없기에 자신이 통제할 만한 곳으로 간다. 타인의 반응을 통제할 수 없기에 그들을 차단하고 혼자 남는 경향이 있다.

부정적 경험도 우리가 숨도록 가르쳤을 수 있다. 내 불안을 교회에서 처음 털어놓았을 때 어느 여자가 선의로 말하기를, 내게 '두려워하는 영'이 있는 것 같다며 자신이 기도로 '그 악령을 영구히 쫓아내도' 되겠느냐고 했다. 이것은 나를 도로 숨어들게 했을 뿐이다. 나는 내가 고립될 필요가 없음을 스스로 계속 환기해야 했다.

성격도 불안에 영향을 미친다. 나는 내성적이고 생각과 꿈이 많다. 머릿속으로 아이디어를 탐색하는 데 많은 시간을 보낸다. 덕분에 전략적이고 창의적이며 사람들에게 잘 공감한다. 하나님이 나를 그렇게 지으셨다고 믿는다. 그러나 부정적인 면도 있다. 나는 으레 생각을 곱씹는지라, 그냥 두면 과도한 고민에 치여 더 불안해질 수 있다. 그래서 혼자 고민하지 않도록 조심해야 한다.

우리 중 일부는 별로 건강하지 못한 관계를 통해 불안을 다스려 왔다. 지인에게 스스로 해결할 수 없는 문제가 있을 수 있다. 우리는 그들을 도울 수 없다면, 자신의 가치가 떨어진다고 느낀다. 그래서 강박적으로 도우려 할 수 있다. 이것은 소위 **불안 애착**(anxious attachment)에서 기인할 수 있다. 불안 애착은 인간에게 필요한 확신과 보호를 유년기의 관계에서 얻지 못했을 때 발생한다. 나이가 들면서 우리는 파트너가 없이는 자신이 미완으로 느껴질 수 있다. 자꾸 유해한 관계로 이끌린다든지 사람들을 도우려는 강박증을 보일 수도 있다. 이런 상황에서는 관계가 자유를 얻게 해 주기는커녕 오히려 불안을 가중할 수 있다.

불안의 장기 치유에서 건강한 관계는 매우 중요하다. 이 또한 자신을 돌보는 방법 중 하나다. 건강한 관계는 우리에게 격려와 위로와 도전을 줄 수 있다. 하나님 및 타인과의 관계는 우리에게 누군가가 나를 수용하고 안다는 것을 느끼게 해 준다. 계속 전진하는 데도 도움이 된다.

건강한 관계의 몇 가지 특징은 다음과 같다.

약점을 보일 수 있다. 불안하면 자신을 보호하고 싶어지므로 우리에게는 서로 솔직할 수 있는 관계가 필요하다. 그런데 관계란 본래 혼란스럽고, 깨지기 쉬우며, 위험이 따른다. 우리는 생각이나 감정을 숨기는 대신, 우리 속마음을 사람들에게 털어놓을 수 있다. 상처받지 않으려고 자신을 보호하는 대신, 상처를 입었다고 그들에게 말할 수 있다. 무엇이 내게 방아쇠로 작용하며 내 불안한 순간에 그들이 어떻게 나를 도울 수 있는지를 알려 줄 수 있다. 아울러 자신의 불안한 '밀당' 행위를 시인할 수 있다. 우리는 사람들을 밀어내고는("너는 나한테 상처를 주잖아!") 다시 잡아당긴다("나한테 신경도 안 쓰는 거야?"). 더 건강해지려고 노력하는 과정에서 우리는 이것이 내 가장 가까운 이들을 얼마나 혼란스럽게 하는지를 인정할 수 있다.

상호적이다. 대개 불안은 불균형한 관계에서 생겨난다. 우리는 돕는 쪽이거나 늘 사람들의 도움이 필요하거나 둘 중 하나다. 하지만 대등하게 서로를 돌보는 관계가 필요하다. 관계에서 우리가 돕는 쪽이라면, 이제 자신에게 필요한 것과 바라는 것을 상대에게 표현해 도움을 받아 볼 수 있다. 이기적이라고 느껴질 수 있지만 그렇지 않다. 또 우리는 경청도 도움의 한 형태임을 배울 수 있다. 우리가 상대(들)로부터 끊임없이 안심과 위로를 구한다면, 이제 굳이 요구하지 않고 위로와 안심이 관계 속에서 자연스럽게 오게 해 볼 수 있다. 안심을 구하는 것도 괜찮지만, 가까운 관계에 의문과 의혹과 어느 정도의 불안이 있는 것은 정상이다.

유쾌하다. 불안은 세상을 심각한 곳으로 보게 만든다. 모든 대화가 깊어야 하고 모든 교류가 '생산적'이어야 한다고 느낄 수 있다. 문제를 해결하거나 감정을 분석하거나 서로를 도와야 한다는 부담 없이, 함께 재미 있게 웃고 서로를 즐거워할 수 있는 관계가 우리에게 필요하다. 기쁨과 웃음은 긴장과 스트레스를 풀어 준다. 나도 이것을 우선순위에 두려 한다.

우리 삶에서 가장 중요한 관계는 하나님과의 관계다. 우리가 그렇게 느끼거나 믿지 않더라도, 하나님은 늘 우리와 함께 계신다. 이것이 성경 전체에서 되풀이되는 하나님의 약속이다 (시 23:4; 사 41:10; 마 28:20; 롬 8:38-39). 가장 외롭고 혼란스럽고 오해받는다고 느껴질 때, 우리 안의 어린아이가 묻는다. "거기 누가 있나요? 나 혼자인가요?"

하나님은 말씀하신다. "내가 너와 함께 있다."

요즘 내가 더 깨우치려고 애쓰는 부분은, 하나님을 뿌듯하게 해 드리기보다 그분의 임재를 음미하는 것이다. 과거에는 특단의 칭찬을 바라며 그분께 내 모든 성공과 성취를 드리고는 했다. 어떤 때는 초자연적 해결을 통해 내 문제와 불안한 감정이 없어지기를 바라며 그분께 문제를 줄줄이 안고 가기도 했다. 그러나 이제 아무리 불안할 때도 하나님께 나아가 훨씬 더 유익한 것을 경험할 수 있음을 배우는 중이다. 바로 그분의 임재와 수용과 사랑이다.

실천 방안

1. **가장 활력을 주는 관계를 파악하라.** 당신을 사랑하고 수용하고 잘 안다고 느끼게 해 주는 사람들의 명단을 짤막하게 작성하라. 당신의 생각과 감정을 누구에게 표현하는 게 가장 안전하게 느껴지는가? 누구와 함께 있으면 덜 혼자라고 느껴지는가? 주변에서 비슷한 불안의 고충을 토로한 사람은 누구인가? 그들이 당신의 삶 속에 존재함을 인해 이번 주에 시간을 내서 그들에게 감사하라.

2. **가까운 관계 안에서 성장하라.** 건강한 관계의 세 가지 특징을 다시 읽으라. 건강한 관계는 약점을 보일 수 있고,

상호적이며, 유쾌하다. 앞의 명단에 올린 사람들과의 사이에서 이것을 경험하고 있는가? 어떻게 이 세 가지를 더 실험할 수 있겠는가? 가장 가까운 사람에게 청해, 이 책을 함께 읽고 책 내용이 둘의 관계에 어떤 영향을 미칠 수 있을지 토의해 보는 것도 좋다.

3. **당신의 삶에 약속된 하나님의 임재를 묵상하라.** 다음번 불안한 순간에는 하나님께 불안을 거두어 가시거나 문제를 해결해 달라고 기도하기보다 그분이 그 순간에도 당신과 함께 계심을 기억해 보라. 하나님의 임재를 느끼려 하지 마라. 당신의 감정이 따라 주지 않더라도, 그분의 약속을 읽고(시 23:4; 사 41:10; 마 28:20; 롬 8:38-39), 그것을 사실로 받아들이라. 곁에 계시되 당신의 감정을 비판하지 않으시는 그분께 감사하라.

6

예수처럼 기도하라

불안은 확실한 보장과 안심을 찾으려는
초조한 시도로 기도를 둔감시킬 수 있다.
예수는 당신이 단순하게 그리고 연약한 모습으로
기도하도록 초대하신다.

우리 집 차고에는 아주 질긴 연장 가방이 있는데, 그 안에 내 모든 연장이 들어 있다. 언젠가는 나무못 꽂는 판을 구해다가 연장을 찾기 쉽게 전부 작업대 상단에 걸어 놓을 생각이다. 지금은 여전히 가방 속에 있다. 하루는 집안에 수리할 게 있어 차고에 나가 가방 속을 뒤지기 시작했다.

답답했다. 연장이 하도 많아 정작 적합한 것을 찾을 수 없었다. 나는 가방 맨 위쪽의 연장을 집으며 "이거면 되겠지"라고 중얼거렸고, 거의 즉시 '엉뚱한 연장으로 일하면 일도 망치고 연장도 망친다'라는 속담을 떠올렸다.

적합한 연장을 찾고자 그 가방을 뒤지노라니 내 기도도 이렇게 좌충우돌이라는 생각이 들었다. 때로 기도는 필요한 응답을 하나님께 받아 내려고 기도에 적합한 어휘, 어투, 요령, 방식을 탐색하는 것과도 같다.

이렇게 기도하던 밤이 떠오른다. "하나님, 머릿속이 너무 어지럽습니다. 걱정이 많아 잠도 못 잡니다. 제게 평안을 주소서. 이 문제의 답을 주소서. 그냥 제대로 생각하도록 도와주셔서 마음에 쉼을 얻게 하소서." 그렇게 아무리 뒤지고 살펴도 적합한 연장을 찾을 수 없었다. 어쩌면 당신도 공감할 것이다.

어쩌면 당신도 기도할 때 초조할지 모른다.

불안 때문에 기도를 포기했는지도 모른다.

기도하지는 않지만, 혹시 기도가 도움이 되려나 싶을 수도 있다.

예수도 사람들에게 기도를 가르치실 때, 내가 (어쩌면 당신도) 경험하는 이 초조한 탐색전을 언급하셨다. 예수 시대의 사람들은 기도가 길거나 똑같은 기도를 반복하거나 모종의 초자연적 기도 어투를 쓰면, 하나님이 더 잘 들으시고 필요한 대로 주실 거라고 믿었다. 이것이 그들에게 많은 불안을 야기했다.

당신이 불안과 기도를 어떤 관계로 보든, 기도를 통한 당신과 하나님의 관계에 도움이 될 만한 두 문구가 내가 믿기로 예수께 있다. 바로 **단순하게**(simplicity) 그리고 **연약한 모습으로**

(vulnerability) 기도하라는 것이다.

먼저 **단순하게**라는 말부터 살펴보자.

예수가 기도에 접근하신 방식은 한없이 단순했다. 당대 다른 사람들은 종교적 연장 가방을 뒤지고 온갖 접근법과 요령을 빌려서 하나님을 대하는 법을 알아내려 했으나, 예수는 흔히 주기도문으로 알려진 군더더기 없는 모형을 제시하셨다. 많은 사람이 이 기도문을 정확히 외워서 기도해 왔지만, 이것은 처방만이 아니라 하나님이 우리에게 집중하라고 권하시는 것에 대한 서술이기도 하다. 많은 다양한 형태로 기록되고 활용되어 온 이 기도문의 기본 내용은 다음과 같다.

하늘에 계신 우리 아버지여,
이름이 거룩히 여김을 받으시오며 나라가 임하시오며
뜻이 하늘에서 이루어진 것같이 땅에서도 이루어지이다.
오늘 우리에게 일용할 양식을 주시옵고
우리가 우리에게 죄지은 자를 사하여 준 것같이
우리 죄를 사하여 주시옵고
우리를 시험에 들게 하지 마시옵고 다만 악에서 구하시옵소서.
나라와 권세와 영광이 아버지께 영원히 있사옵나이다.
아멘. (마 6:9-13; 눅 11:2-4을 참조하라.)

불안할 때의 기도는 응답과 복과 지혜를 쟁취하려는 철야 씨름으로 변할 수 있다. 집착할 때의 기도는 손을 씻거나 생각을 곱씹거나 물건을 쟁여 두는 것 같은 강박적 의식(儀式)이 될 수 있다. 기도는 영적 행위라서 고상해 보이지만, 어쩌면 우리는 기도를 통해 불안한 생각과 감정을 몰아내려 하는 것일 수 있다.

기도는 자신이 늘 하나님의 임재 안에 있음을 환기하는 방편 중 하나다. 기도는 또한 하나님이 우리를 사랑하시며 그분께 우리의 상상을 초월하는 큰 계획이 있음을 일깨워 준다. 그리고 우리에게 "너희 염려를 다 주께 맡기라. 이는 그가 너희를 돌보심이라"(벧전 5:7)라고 상기시켜 준다. 우리는 기도를 통해 큰 평안과 위로를 얻을 수 있으나, 기도가 불안을 없애 주는 요술 공식은 아니다.

이전의 내 기도는 만연체였다. 충분히 길거나 충분히 유창하게 기도하면 불안이 덜어질 줄로 알았다. 그러나 이제 달라졌다. 지금은 불안해지면 주기도문(글자 그대로든 내 표현으로 풀어서든)으로 기도하고 그것으로 끝날 때도 있다. 하지만 기분상 끝난 것 같지 않아 자꾸 덧붙이고 싶어진다. 나는 기도를 연장 삼아 하나님께 불안을 없애 달라고 하기보다는, 기도를 통해 잠시나마 하나님을 의미 있게 만나는 법을 배우는 중이다.

두 번째로 살펴볼 어구는 **연약한 모습으로**다.

예수는 불안하실 때 어떻게 기도하셨을까? 다행히 예수의 전기 작가들은 그분의 일생에서 불안이 극에 달했던 두 번의 절박한 기도 순간을 놓치지 않고 담아냈다. 덕분에 우리도 불안할 때 그렇게 기도할 수 있다.

첫 번째 불안의 순간은 예수가 잡히시던 밤이었다. 그분은 자신이 곧 죽임을 당하실 것을 아시고 존재의 심연으로부터 이렇게 단순하게 기도하셨다. "'내 마음이 매우 고민하여 죽게 되었으니…' 하시고 조금 나아가사 얼굴을 땅에 대시고 엎드려 기도하여 이르시되 '내 아버지여, 만일 할 만하시거든 이 잔을 내게서 지나가게 하옵소서'"(마 26:38-39).

또 다른 불안의 기도 순간은 그분이 십자가에 달리셨을 때였다. 아프고도 외로우신 그분은 고난에 지칠 대로 지치신 모습으로 "나의 하나님, 나의 하나님, 어찌하여 나를 버리셨나이까"(마 27:46)라고 외치셨다. 자신의 표현으로 부르짖으신 게 아니라 시편 22편을 인용하셨는데, 이 시는 고뇌의 시기에 그렇게 기도하도록 기록된 히브리 노래다.

이 두 순간에서 보듯이 예수는 **애통**이라는 옛 기도 방식을 활용하셨다. 애통 기도는 정서적으로 솔직한 기도며, 필요하다면 어떤 단어로든 감정을 표현하게 해 준다. 날것 그대로의 이 혼란스러운 기도는 하나님이 우리의 생각과 감정을 감당하실 수 있음을 보여 준다. 이는 또한 자신을 긍휼히 여기는 기도이기도 하다. 하나님께 솔직해도 됨을 상기시켜 주기 때문이다.

나도 불안할 때면 가끔 애통 기도를 드린다. 뒤죽박죽이고 의심에 차 있을지라도 내 감정을 하나님께 그대로 아뢸 수 있다고 믿는다. 다시 말하지만, 기도의 목표는 절대적 확실성을 얻거나 불안한 생각을 차단하는 게 아니다. 애통은 우리가 깊이 사랑받고 있음을 기억하는 가운데 의심과 두려움을 인정하게 해 준다.

실천 방안

1. **이번 주에 주기도문으로 기도해 보라.** 기록된 문구대로도 해 보고, 자신의 표현으로도 써 보라. 행간마다 멈추어 당신이 하나님 및 사람들과 더 가까워지는 데 이 대목이 어떻게 도움이 될지 조용히 묵상해 보라. 기도가 끝나거든 당신의 이 행위를 하나님이 기뻐하신다고 자신에게 말해 주라(그렇게 생각되거나 느껴지지 않더라도 말이다). 당신은 예수가 기도하라고 알려 주신 대로 기도했다. 그 사실을 받아들이라.

2. **애통 기도를 드리라.** 아무에게도 말한 적이 없는 부분을 하나님께 말씀드려 보라. 억제하지 마라. 잘 안되거든 애통 기도를 글로 써 보라. 날것 그대로의 생각과 감정으로 시작하라. 생각과 감정이 다른 무언가에 대한 혼란이나 갈망으로 표출된다면, 하나님께 구체적으로 개입해 주실 것을 구하라. 마칠 때는 형편이 달라져 있을 미래의 자신을 상상하라. 이번 장 끝에 나의 애통 기도 하나를 사례로 실었다.

3. **불확실성을 품는 기도문으로 기도해 보도록 하라.** 고난과 회복을 통과 중인 사람들에게 널리 애용되는 기도문이 있다. 바로, 평온을 구하는 기도[Serenity Prayer; 라인홀드 니부어(Reinhold Niebuhr)가 쓴 것으로 알려졌다]다. 나도 여러 해 동안 날마다 그렇게 기도했다. 당신에게도 도움이 될지 모른다.

> 하나님, 제게 바꿀 수 없는 것을 받아들이는 평온과, 바꿀 수 있는 것을 바꾸는 용기와, 이 둘을 분별하는 지혜를 주소서.
>
> 하루 단위로 살며 매 순간을 누리게 하시고, 고난을 평안에 이르는 길로 받아들이게 하시며, 이 죄

악에 찬 세상을 제 취향대로가 아니라 예수처럼 있는 그대로 대하되, 제가 주님의 뜻에 순복하면 주께서 모든 것을 바로잡아 주실 줄을 믿게 하소서. 그리하여 제가 현세에서 웬만큼 행복하다가 내세에서 주님과 함께 더할 나위 없이 행복하게 하소서. 아멘.

애통 기도 작성하기

나의 애통 기도는 대부분 즉흥적이지만 모든 감정을 더 잘 표현하기 위해 간단히 애통(lament)이란 단어의 철자를 활용한다. 이는 시편에 나오는 애통 기도의 공통 분모에 기초한 것이다.

- L(Lay out your problems): 문제를 내놓는다.
- A(Allow your emotions to flow): 감정이 흘러나오게 한다.
- M(Make your request): 요청한다.
- E(Examine yourself): 자신을 살핀다.
- N(Note God's past work): 과거에 하나님이 하신 일에 주목한다.
- T(Trust God's faithfulness): 하나님의 신실하심을 신뢰한다.

애통 기도

하나님, 또 똑같은 문제를 가지고 하나님께 옵니다. 제 머릿속은 통제 불능입니다. 불안한 게 너무 많아 일일이 꼽을 수도 없습니다. 지금은 그냥 스트레스에 짓눌려 있습니다. 더 통제하지 못하는 저 자신이 실망스럽고, 저를 향한 하나님의 인내심이 다 해 가는 것만 같고, 하나님을 그렇게 생각하는 게 또 죄스럽습니다. 이런 부정적 생각과 감정이 정말 지긋지긋합니다.

하나님, 지금 도와주소서. 머릿속에 무한 반복되는 염려를 확 정지시켜 주시든지, 아니면 그 속에서도 하나님이 바로 제 곁에 계심을 일깨워 주소서. 이 모든 생각 속에 파묻히지 않게 하시고, 그런 생각을 없애려는 건강하지 못한 방식으로부터 저를 보호하여 주소서. 저는 근래에 잠이 부족했고, 그래서 문제가 가중됩니다. 그리고 "내가 더 열심히만 하면 누구의 도움도 필요 없다"라는 사고방식도 도지고 있어, 어느 정도 고립을 자초했습니다. 그래도 제가 하나님과 자신에게 이전 어느 때보다도 더 솔직해진 것만은 분명하니 전보다는 나아졌습니다.

하나님, 지금까지 하나님은 힘들 때마다 늘 저를 인도해 주셨습니다. 다른 사람들과 예수께 그러셨듯이 제게도 그러셨고 앞으로도 그러실 것입니다. 때로 하나님의 응답이 제가 바라는 것보다 더 오래 걸리지만, 그런 상황 속에서도 저는 교훈을 배우고는 합니다. 하나님의 다음 행보는 제가 모르지만, 저를 사랑하심을 알기에 하나님 곁에 꼭 붙어 있고 싶습니다. 일이 제가 바라거나 기대하는 대로 풀리리라는 보장은 없지만 하나님을 신뢰합니다. 그러니 도와주소서. 결과에 연연하기보다 주님을 더 가까이함으로써 변화될 제 모습에 더 집중하게 하소서. 감사합니다.

아멘.

7

자신의 전부를 돌보라

불안이 완전히 사라지지는 않겠지만
제대로 먹고 잘 자고 운동하고
영혼을 돌보면
당신의 삶에 대한 불안의 지배력이 약해진다.

"2,744걸음밖에 안 되니 올라가 보자!" 매니투 스프링즈(Manitou Springs) 오르막길에 붙어 있는 홍보 문구다. 콜로라도주 파이크스 피크(Pikes Peak) 동쪽 측면에 자리한 이 취미용 등산로는 높이가 600미터를 웃도는데, 거리는 2킬로미터도 되지 않으며, 구간에 따라 경사도가 무려 68퍼센트에 달한다.

"2,744걸음밖에 안 된다니까." 등산과 야외 활동에 노련한 내 친구도 그 말로 우리를 산행에 끌어들였다. 나를 비롯한 일단의 사내가 콜로라도수에서 보이기로 되어 있었다.

"자네 운동하나?" 그가 물었다.

"아니." 내가 대답했다.

"달리기는?"

"쫓길 때만." 나는 능글맞게 웃었다.

"그럼 지금부터 몸을 관리해서 걷기와 조깅으로 체력을 길러 두게. 그 등산로, 자네도 올라갈 수 있어. 해 보면 아주 좋을 거야."

그 초대를 계기로 내 삶에 특별한 시기가 열렸다. 내 몸과 마음과 영혼의 전반적 건강을 점검해 본 결과, 내 불안의 고충은 다분히 그 세 영역 중 하나나 그 이상의 불균형과 맞물려 있었다.

불안의 해법이 '올바른 사고'에 있음을 여러 해째 잘 믿지 못하는 이들도 있다. 하지만 불안이 전부 머릿속에 있는 것은 아니다. **우리**가 전부 머릿속에 있지 않기 때문이다! 놀랍게도 우리는 전인적 존재로 긴밀하게 통합되어 있다.

불안은 환경에 대한 복합적 반응이며, 거기에 우리의 전부가 개입된다. 뇌와 심장 등의 신체 기관, 먹고 마시기와 소화와 수면 등의 생활 습관, 핵심 신념과 가치관과 우정과 혼잣말 등의 영혼 및 정신 건강이 총망라된다.

먹고 마시기. 오르막길에 대비해 나는 종일 균형 있게 소식하는 쪽으로 식단을 바꾸었다. 물 섭취량도 늘렸다. 알고 보니 나는 갈증을 허기로 혼동해 과식한 지 여러 해였다. 식습관을 바꾸고 수분을 보충해 주니 집중력과 몸 상태가 좋아졌다. 누구나 균형 있게 먹고, 물을 충분히 마시고, 술과 카페인 등을 대체로 삼가면 불안이 크게 호전될 수 있다. 수분 보충과 천천히 분해되는 탄수화물은 혈당 수치를 유지하는 데도 도움이 되어 기분이 더 진정될 수 있다.

수면. 나는 코를 곤 지 오래되었다. 수면 검사를 받아 보니 수면 무호흡증이 있다고 나왔다. 그때부터 양압기(CPAP)를 썼는데, 두 달 만에 기력이 향상되고 기분도 나아졌다. 나는 수면 부족이 내 불안과 우울의 일부 원인이라고 생각한다.

휴식. 잠 못지않게 휴식도 중요하다. 휴식이란 깨어 있되 활동하지 않는 시간의 안정된 느낌이다. 숙면과 휴식은 불안한 생각의 진정과 직결된다. 우리는 잠과 휴식을 우선순위에 두어야 한다. 그 일환으로 운동도 하고 긴 낮잠을 삼가면, 하루를 마칠 때쯤 충분히 피곤해져 불면증 퇴치에 도움이 된다.

소화와 장 건강. 소화계가 건강 전반에 얼마나 중요한 역할을 하는지는 근래에야 밝혀지기 시작했다. 전문가들은 이제 인체의 세로토닌(자족감과 행복감을 관장하는 신경전달물질)이 대부분 소화관 내벽에서 생성된다고 본다. 영양 정신의학(nutritional psychiatry)은 하버드 의과대학에서 공인한 분야인데, 성장세인 이 분야에서 밝혀낸 바에 따르면 장과 소화관의 염증은 뇌로 신호를 보내 감정을 교란시킬 수 있다. 따라서 장 건강을 향상시키면 불안을 다스리는 데 도움이 될 수 있다.

뇌 건강. 복잡한 기관인 우리 뇌에는 감정을 향상시킬 수 있는 네 가지 화학물질인 도파민, 엔도르핀, 옥시토신, 세로토닌이 들어 있다. 하나님이 주신 이 화학물질들은 새로운 사고와 행동을 통해 활성화되며, 필요하다면 간단한 약물로 그것들이 우리 뇌 속에 잔류하는 기간을 연장할 수 있다. 어느 상담 센터의 임상 책임자인 내 친구 크리스(Chris)는 약물을 수영용 튜브에 비유해 우리 부부가 약물을 바르게 인식하게 해 주었다. 때로 튜브가 장기적으로 필요한 이들도 있지만, 대개 튜브는 새로운 기술을 익힐 때까지만 쓰는 임시 보조물이다.

영적 훈련과 섬기는 삶. 누군가 예수께 "성경에서 가장 큰 계명이 무엇입니까?"라고 물었을 때, 그분은 으레 그러시듯이 질문대로 답하지 않으시고 이렇게 말씀하셨다. "두 가지다. 네 마음과 뜻과 목숨과 힘을 다하여 하나님을 사랑하라. 그리고 이웃을 네 자신같이 사랑하라"(마 22:34-40을 참조하라). 불안하면 자아에 매몰되기 쉽다. 우리에게 본연의 풍성하고 의미 있는 삶을 주시고자 예수는 우리를 초대해 하나님을 올려다보고 사람들을 내다보게 하신다. 기도하고 읽고 찬송하고 사람들을 섬기는 영적 삶을 계속 가꾸면, 불안을 다스리는 데 도움이 될 수 있다.

당신은 자신의 전부를 얼마나 잘 돌보고 있는가?

그동안 당신은 스트레스에 대응하려고 일을 많이 했을 수 있다. 그렇다면 더 잘 자거나 충분히 휴식할 방도를 찾으면 도움이 될 것이다. 당신의 식생활은 최선이 아닐 수 있다. 관건은 표준 체중을 달성하거나 자신을 남과 비교하는 게 아니라, 하나님께 받은 몸을 감사하며 돌보는 것이다. 건강한 습관을 새로 익히는 동안, 당신이 '물에 뜨는' 데 약물이 도움이 될 수도 있다. 또는 당신의 삶 속에 더 깊은 영적 갈망이 있을 수 있다. 이 시점에서 하나님 및 교회와의 관계를 다시 점검해 보면 좋을 것이다.

진도를 더 나가기 전에 잠시 멈추어 경축하자.

당신은 이 마음 돌봄 안내서를 7장까지 마쳤다!

당신에게 큰 소리로 똑똑히 들려주고 싶다. 당신은 할 수 있다!

불안은 힘든 문제인데, 당신은 아주 용감하다. 큰 진전처럼 느껴지지 않을지 모르지만, 당신은 이미 그 길을 가고 있다. 불안에 대한 책을 이번에 처음 읽든 백 권째로 읽든, 책을 붙잡고 여기까지 오는 데도 많은 용기가 필요하다. 잘했다!

참, 나는 매니투 등산로를 완주했다! 아주 힘들었지만 해냈다. 2,744걸음을 오르기 위한 준비는 신체적·성서석·영적으로 내게 특효를 발휘했다. 내 불안과 관련해 새로운 걸음을 내딛는 데도 도움이 되었다.

실천 방안

1. **건강 검진을 받으라.** 의사에게 종합 검진을 받으라. 몸을 더 건강하게 할 부분을 하나 찾아내서 성취 가능한 확실한 목표를 하나 정하라. "설탕이 든 음료는 일주일에 소수로 제한하겠다", "예약된 다음 진료일까지 콜레스테롤 수치를 낮추겠다" 등을 예로 들 수 있다. 아울러 요즘은 건강 검진에 우울증 및 불안증 검사가 포함되는 경우도 많다. 포함되어 있지 않거든 요청하라. 내게는 그것이 큰 도움이 되었다.

2. **몸에 운동이 될 활동을 하나 시작하라.** 우리 몸은 활동하도록 지어졌다. 운동하면 뇌 속에 '행복 화학물질'이 증가한다. 내 생각에 우리 뇌에 분비되는 세로토닌은 세상에서 건강하게 살아가라는 창조주의 '환영사'와도 같다. 운동하면 몸이 적당히 피곤해져 수면 주기도 정상으로 복귀할 수 있다. 간단하고 실행 가능한 것으로 정하라. 나는 저녁마다 20분씩 걷기로 했는데, 덕분에 심야의 불안한 시간이 줄어들었다.

3. **교회에 참여하라.** 교회에 속해 있지 않다면, 예수의 가르침대로 살아가는 실제적 방법을 최대한 잘 설명해 주는

교회를 찾아내서 참여하라. 하나님과 성경에 대해 더 배우고, 사람들과 함께 찬송하며 예배하고, 관계를 새로 맺으며, 필요한 부분에서 봉사하라. 그리스도 안에서 온전해지려면 반드시 하나님과의 관계를 가꾸고 사람들을 섬겨야 한다. 사도 요한이 말했다. "사랑하는 자여, 네 영혼이 잘됨같이 네가 범사에 잘되고 강건하기를 내가 간구하노라"(요삼 2절).

8

염려를 선물로 보라

에너지가 많이 들기는 하지만
염려는 유용할 수 있다.
염려를 없애려 하기보다
긍정적인 것으로 전환할 수 있다.

무대에서 처음으로 연기하던 중학교 때가 기억난다. 연극 과목을 선택한 학생은 모두 짤막한 한 장면을 공연한 후에 수행 평가를 받아야 했다. 일부 독자는 상상만 해도 진땀이 날 것이다!

내가 무대 옆에 서서 교사를 초조하게 바라보자, 그녀가 다가와 물었다. "왜 그러니?"

"망칠까 봐 걱정돼서요."

"잘됐네. 그 염려에서 네 연기에 필요한 힘이 나올 거야. 두려움을 적극적인 몸짓으로 전환해 봐. 이용당하지 말고, 그것을 이용하는 거지."

나는 그 말대로 했다. 목소리가 약간 갈라질 때는 일부러 더 크고 위엄 있게 말했고, 긴장될 때는 불안한 에너지를 몸짓으로 승화했다. 한번은 대사를 잊어버려 머릿속이 아찔했는데, 그냥 생각나는 대로 아무렇게나 대사를 지어내다 보니 다시 대본으로 연결되었다. 내 무대는 대성공이었다!

긴장에 당당히 맞서라는 내 중학교 연극 교사의 조언은 불안에도 적용될 수 있다. 우리는 불안과 두려움을 무언가 좋은 것으로 전환할 수 있다.

염려도 선물일 수 있다.

염려(또는 두려움)는 위협이나 주관적 위협에 반응하라고 하나님이 우리에게 주신 것이다. 걱정거리가 있다고 느껴지면 우리 몸은 저절로 반응해 대항, 도피, 일시 정지 또는 맞장구 태세를 갖춘다. 이런 자동 반응이 밀려올 때, 우리는 그것을 염려로 인식하면서 이렇게 말할 수 있다. "이용당하지 말고, 내가 염려를 이용하자."

이 조언을 나는 목회에도 여러 해째 활용하고 있다. 목사는 다 자신감 넘치고 담대하고 불안을 모른다고 생각하는 사람이 많지만, 사실은 그렇지 않다. 우리 중에도 정서가 불안하고 회의적이고 우유부단한 사람이 많다. 다만 목회의 소명이 염려보다 크다고 믿을 뿐이다.

염려는 지금도 내게 늘 닥쳐온다.

나는 환자나 죽어 가는 사람의 병실에 들어가려면 가슴이 조마조마해지고, 교회 강단에 서려면 생각이 뒤죽박죽되면서 멍해진다. 누군가를 상담하려고 준비할 때면 머릿속에서 이런 속삭임이 들려온다. "네가 뭘 안다고 이러는 거야?"

그래서 나는 염려에 이용당하기보다 염려를 이용하는 법을 배우는 중이다. 누군가를 상담할 생각에 불안해지면, 그 불안을 호기심으로 전환해 질문을 던진다. 병원 심방을 가서 생각이 사방으로 날뛰면, 그 불안한 에너지를 집중해 얼른 병실을 둘러보아 환경을 익힌다. 사람들 앞에서 말하려고 준비하다가 머릿속이 멍해지면 이렇게 혼잣말한다. "적어도 내가 로봇은 아닌 거지. 바로 이 순간 속에 나로 존재하니까!" 그렇게 나는 준비한 것에 얽매이지 않고 자기다워지려 한다.

심박수 증가, 동공 확대, 아드레날린 분출, 주의 집중(또는 과잉 경계)은 다 뇌가 위협에 대해 염려하려는 시도다. 하지만 날것 그대로의 이 에너지를 염려에 다 허비하지는 말고 삶으로 전환하자. 우리에게 그것이 필요하기 때문이다! 창의력, 건강한 몸 그리고 삶의 목표에서 탁월해지려면, 우리에게 일정 수준의 정신적·정서저·생리적 긴장이 필요하나. 때로 우리가 말하는 염려를 수행 전문가들은 '최적의 불안 효과'라고 칭한다. 몇 가지 예를 들면 다음과 같다.

창의력. 내 친구 중에 놀라운 음악가이자 작사가가 있는데, 불안으로 인한 고생이 상당하다. 그에게 묻는다면, 그는 '곡을 써야만 할' 때가 있다고 말할 것이다. 창의력을 통해 그는 불안을 무언가 아름다운 것으로 전환한다.

그뿐만이 아니다. 내가 믿기로 그의 음악과 가사가 그토록 아름다운 이유는 바로 불안 때문이다! 불안이 우리를 창조의 사명으로 부른다. 창의적인 부류에게는 불안이 필요하다. 그들 안의 무언가가 자꾸 밖으로 나오려 한다. 그래서 글, 악기, 그림, 춤, 3차원 예술 등을 통해 자신을 표현해야만 한다. 불안은 세상에 아름다운 새것을 선보이려고 대기 중인 일종의 창의적 긴장이다.

건강한 몸. 또 다른 내 친구는 피트니스 코치다. 분별력과 공감 능력이 뛰어나고 인체에 대해 해박한데 역시 불안 때문에 고생한다. 운동과 건강이 그의 불안을 다스리는 데 도움이 되지만, 내 생각에 그의 탁월한 몸 관리는 날것 그대로의 불안한 에너지 덕분이다.

불안을 그냥 두면 운동 중독, 섭식 장애 또는 육체 숭배로 이어질 수 있다. 그러나 우리 염려 속에 하나님을 모셔 들이면, 자신을 잘 돌보아 그분께 더 유용해질 뿐 아니라 그 초조함을 전환해 몸과 마음과 영혼으로 그분을 사랑할 수 있다.

삶의 목표. 나는 여태 살아오면서 이 불안이라는 주제에 온통 애면글면 골몰했다. 아침에 눈뜨자마자 불안부터 생각하고는 했다. 이 문제에서 하나님은 어디에 계시며, 내가 배우는 교훈으로 어떻게 다른 사람들을 도울 수 있을까? 그러다 마침내 "이 주제로 책을 써야겠다"라고 말하기에 이르렀다. 불안에 대한 염려를 남을 도우려는 삶의 목표에 투입한 것이다. 당신이 지금 '염려'라 칭하는 날것 그대로의 에너지를 더 큰 목표로 전환해 하나님을 높이고 사람들을 도울 수 있다면 어떨까?

염려는 방향을 잃은 에너지이며, 목적을 찾고 있다. 당신의 뇌와 몸이 이렇게 말하는 것과도 같다. "나는 준비되어 있다. 그런데 무엇을 위해서인지를 모르겠다!" 당신이 염려에 목적을 부여할 수 있다. 염려는 선물이 되어 당신을 소명, 목적, 기회에 부응하도록 준비시켜 줄 수 있다.

실천 방안

1. **염려의 순간을 더 잘 인식하라.** 이번 주에 당신의 생각, 감정, 환경에 더 주의를 기울이라. 염려가 시작되는 순간을 포착할 수 있는지 보라. 주위에 무슨 일이 벌어지고 있는가? 어떤 생각이 드는가? 감정은 어떤가? 감정 일지를

만들었다면, 거기에 이런 관찰 내용을 기록하라.

2. **염려를 다른 말로 표현하라.** 염려를 부정적인 것으로 보기보다 일을 해내기 위한 필수 에너지로 보라. 염려라는 말 대신 '창조 에너지'라고 칭해도 좋다. 염려에 수반되는 신체 감각은 당신의 행동을 준비시켜 주는 하나님의 선물일 수 있다. 여기서 목표는 염려에 대한 죄책감과 수치심을 서서히 버리는 것이다. 자신에게 이렇게 물어보라. "이 불안한 에너지를 어떻게 선용할 수 있을까?"

3. **염려를 하나님을 높이는 활동으로 전환하라.** 염려에 들이는 에너지를 더 잘 활용할 수 있는 활동을 찾아내라. 창의적 취미나 신체 활동도 좋고, 계획을 짜서 어떤 목표를 완수할 수도 있다. 이 활동을 단순히 염려에서 벗어나는 용도로만 볼 게 아니라, 당신의 불안한 에너지를 활용해 다른 사람에게 유익과 힘과 활력을 줄 수 있는 중요한 방편으로 여기라.

9

자신의 방아쇠를 알라

불안을 촉발하는 당신 특유의 요인이 있다.
자신의 방아쇠를 알면
다르게 반응할 수 있다.

우리 집 차고에는 작은 작업대가 있다. 가끔 잠이 안 오면 나는 한밤중에 슬그머니 아래층 차고에 내려가 일을 벌인다. 이때 깜빡 잊고 가정용 방범 경보기를 끄지 않으면, 차고 문을 열 때 경보가 울린다. 경보는 부드러운 신호음으로 시작되며, 안심시키는 목소리로 "설정을 해제하세요"라고 말한다. 즉시 조치를 취하지 않으면 경보음이 요란해지고 목소리도 커진다.

경보를 촉발하는 요인을 아는 게 중요하다.

이것은 우리 뇌의 위협 중추에 대한 은유로 제격이다. 위협 중추는 뜻밖의 침입자가 위협을 가할 만한 상황에서 작동하도록 설계되어 있다. 다만 경보를 촉발하는 요인, 소리의 특징, 경보가 울릴 때 들리는 메시지는 사람마다 다르다.

그동안 내가 사람들과 교류하면서 관찰한 바에 따르면, 불안을 일으키는 방아쇠는 흔히 네 가지다.

1. **돈**: 실직, 빚, 세금 보고, 예산 짜기, 예산 지키기, 뜻밖의 지출, 수입의 증감
2. **사람**: 남을 실망시킬 것에 대한 두려움, 공개 망신, 집안 모임에 대한 스트레스, 가족의 사별, 새 식구, 예상되는 껄끄러운 대화
3. **건강**: 병이나 감염에 대한 두려움, 신규 진단, 기존 병의 합병증, 정신 건강 문제의 증상일 수 있는 정서 변화나 감정 기복
4. **신앙**: 하나님을 노엽게 하거나 신앙을 잃을 것에 대한 두려움, 의미나 목적에 대한 의문, 종교적 죄책감이나 수치심, 죄에 대한 후회, 하나님과의 소통 부족, 새로운 소명감

누구나 한 번쯤은 이 모든 상황에 부딪치게 마련이다. 아마 당신도 이런 요인에 공감하거나 그 밖의 요인이 떠오를 것이다. 다수의 방아쇠를 한꺼번에 경험할 수도 있다. 예컨대, 다가오는 명절은 돈, 사람, 건강, 신앙과 관련된 불안을 촉발할 수 있다. 불안이 나쁜 일과만 관계되는 것은 아니다. 좋은 일도 불안

의 방아쇠가 될 수 있다. 아기가 태어나는 것도 부모가 돌아가시는 것 못지않게 불안을 자아낼 수 있다.

어떤 때는 과거의 경험 때문에 뇌리 속 내면의 메시지가 방아쇠로 작용한다. 예컨대, 물건을 떨어뜨릴 때마다 '멍청이'라는 말을 들은 아이는 성인이 되어서도 실수하면 머릿속에 그 말이 들릴 수 있다. 우리 집의 방범 경보기처럼, 이런 내면의 메시지는 부드러울 수도 있고 요란할 수도 있다. 몇 가지 예를 들어 보자.

- "네가 잘못한 게 있다."

  부드러울 때: 돌이킬 수 없는 실수를 저질렀거나 누군가에게 불쾌감이나 피해를 준 것 같아 우려한다.

  요란할 때: 자신의 가치에 대해 지나치게 걱정하고, 부정적 생각을 곱씹으며, 운명론에 사로잡힌다.

- "확인해 보는 게 좋겠다."

  부드러울 때: 일을 하다 만 것 같아 꺼림칙하다.

  요란할 때: 세고 또 세고, 문을 잠그거나 따며, 전등을 켜거나 꺼야 한다는 집착을 떨칠 수 없다.

- "청결하지 않다."

  부드러울 때: 자신의 외관이나 내면이 불결하거나 감염되었거나 병에 걸리기 쉽다고 느낀다.

요란할 때: 손을 반복해서 씻거나 지나치게 쓸고 닦거나 검사를 받아야 한다는 충동을 떨칠 수 없다.

- "그것은 버리지 않는 게 좋겠다."

부드러울 때: 소유물에 대해 우유부단해지거나 정리하지 못한다.

요란할 때: 소유물을 버리지 못하고, 쟁여 두며, 숨긴다. 그게 창피할까 봐 고립된다.

- "너는 그 소리(또는 감정)를 감당할 수 없다."

부드러울 때: 소리가 불편하게 느껴지거나 거슬린다.

요란할 때: 사람들이 말하거나 씹거나 삼키거나 움직이는 소리를 지나치게 의식하거나 아예 견디지 못한다.

강박장애가 있는 경우, 이런 메시지는 소위 **스파이크**(spike)로 이어질 수 있다. 스파이크란 방아쇠와 이를 제거하려는 행위 욕구가 거의 병발하다시피 하여, 그 둘이 동시에 일어나는 하나의 사건처럼 느껴질 때를 말한다.

불안에서 해방되려면 자신의 방아쇠를 아는 게 중요하다. 방금 내게 있었던 일이 아주 좋은 예다. 이번 장을 쓰던 중에 내 컴퓨터가 다운되는 바람에 약 한 시간 분량의 원고가 날아갔다(당신이 지금 읽는 부분은 다시 쓴 것이다). 컴퓨터에 관한 한 나는 혼란과 좌절에 빠지기 쉽다. 내가 기계 쪽을 잘 모르기 때문에 이것이 내게 방아쇠가 될 수 있다.

컴퓨터가 다운되었을 때, 내게 원치 않는 생각과 감정의 스파이크가 있었다. 내 머릿속에 자책의 메시지가 밀려왔다. "네 잘못이다. 백업을 두 곳이 아니라 세 곳에 했어야지. 더 잘 대비했어야지." 곧 몸에도 반응이 나타났다. 안절부절못하면서 주의가 산만해지고 갑자기 식욕까지 돋았다(내 건강하지 못한 자위책은 이런 식으로도 습득되었다). 나는 몇 분 동안 서성거리며 탄식한 후에야 내게 스파이크가 왔음을 깨달았다.

전에는 원고가 날아가면 분통을 터뜨리다가 우울에 잠겼는데 이제는 아니다. 기계란 항시 고장 날 위험이 있음을 배웠다. 이제 나 자신에게 "파일을 복구할 수 없다면 두 번째는 더 좋은 글이 나오겠지"라고 말해 준다. 파일을 날린 게 아니라 초고를 버렸다고 친다. 이것이 내가 스파이크에 대응하는 방식이다.

여기서 당신은 이런 생각이 들 수 있다. **좋아! 내 방아쇠와 스파이크를 알면 그것들을 더 잘 피할 수 있다는 말 아닌가?**

틀렸다. 당신의 방아쇠와 스파이크를 알면, 그것을 식별할 수 있다. 그리하여 거기에 당당히 맞서고, 수반되는 불안을 견디며, 뇌를 재교육해 다르게 반응할 수 있다.

당신이 이 책을 읽는 이유는 그동안 두려움에 맞서지 않고 굴복했기 때문이다. 당신의 불안이 깊어진 이유는 두려운 대상을 피했기 때문이다. 당신은 '머릿속 불량배'의 말을 믿었다. 불량배를 물리치려면 어떻게 해야 할까? 당당히 맞서야 한다. 이 내용은 다음 장에서 살펴볼 것이다.

실천 방안

1. **두려움의 사다리를 만들라.** 당신을 불안하게 하는 활동, 상황, 사물 또는 사람을 몇 가지 열거하라. 예컨대, 파티·실수·마감·날짜·질병 등이 있다. 그것을 강도대로 나열하라. 각 항목마다 불안을 야기하는 구체적 정황을 세 가지씩 적고 숫자로 강도를 표시하라. 예컨대, '실수'가 불안의 주원인이라면 그 밑에 '지각'(4), '옷을 잘못 입음'(1), '누군가의 생일을 잊어버림'(7)이라 쓸 수 있다. 이번 장 끝에 내 두려움의 사다리를 사례로 소개하겠다.

2. **불안의 메시지를 기록하라.** 당신이 두려워하는 것마다 그 옆에, 그 불안의 원인을 생각할 때 들려오는 내면의 메시지를 적어 보라. 예컨대, 엘리베이터가 두렵다면 "너는 영원히 갇힐 것이다", "엘리베이터가 바닥으로 곤두박질칠 것이다"라고 적을 수 있다. 그 메시지가 부드러운지

요란한지 표시해 보자. 다음번에 불안해지거든 내면의 메시지를 인식하면서 그 진위에 살짝 의문을 제기하라. 목표는 그 메시지를 침묵시키거나 몰아내거나 일축하는 게 아니다. 그럴수록 메시지가 더 요란해질 수 있다. 우선은 그냥 그 정확성을 의심해 보라.

3. **예상되는 틀을 찾으라**. 두려움의 사다리를 당신의 감정 일지와 비교해 보라. 당신이 불안의 방아쇠나 스파이크를 경험하기 쉬운 때는 언제인가? 매일, 매주, 매달의 일정 및 연례행사에서 예상되는 잠재적 불안의 순간은 언제인가? 다시 말하지만, 당신은 지금 무언가를 피하려는 게 아니라, 더 잘 준비해 두려움에 맞서려는 것이다.

표 9.1 두려움의 사다리

활동/상황/사물/사람	두려움의 등급(가장 두려울 때가 10)
1. 재정적 안정/안전	
저축한 돈이 없음	9
빚이 있음	8
명절 쇼핑	8
기부/십일조	1
2. 사람들을 실망시킴	
감정을 상하게 함	8
해결되지 않은 갈등	7
준비가 안 되어 있거나 게을러 보임	6
사과할 일	1
3. 친교 행사	
정시 도착	8
규모가 큰 친교 모임	7
사람들을 새로 만남	4
일대일 대화	1
4. 정리정돈	
물건을 '제자리에' 보관하기	7
사람들의 지저분하다는 비판	7
물건을 똑바로/순서대로 두기	5
손님 앞에 '내보일 만한' 정도	3
5. 청결 상태	
몸/입냄새	5
흉터나 잡티	3
관리하지 않은 것처럼 보임	2
더러운 곳에 감	1

10

피하지 말고 부딪치라

불안은 피할수록 더 커진다.
더 건강해지려면 두려움에 자신을 노출하고,
수반되는 감정을 처리하며,
뇌를 재교육해 다르게 반응해야 한다.

2010년에 아내와 나는 세 아이를 데리고 자동차 여행으로 미국 남서부의 관광지들을 돌았다. 라스베이거스(Las Vegas), 그랜드캐니언(Grand Canyon), 후버댐(Hooever Dam), 브라이스캐니언(Bryce Canyon)을 거쳐 애리조나주 세도나(Sedona)에서 여행을 마쳤다. 세도나 근처에 슬라이드 록 주립 공원(Slide Rock State Park)이라는 멋진 곳이 있었다. 이끼 낀 바위들이 천연 워터 슬라이드를 형성했다 해서 그런 이름이 붙었다. 우리는 세도나의 아름다운 적색 바위들로 둘러싸인 강에서 하루를 보내며 일광욕도 하고 슬라이드도 즐겼다.

하루가 다할 무렵, 작은 개울을 타고 떠내려가 보니 교량 밑의 널따란 공터가 나왔다. 사람들이 세 곳의 바위 절벽에서 뛰어내리고 있었다. 절벽 높이는 각각 3미터와 7.5미터와 가장 높은 15미터였다. 우리 다섯은 근처 바위에 앉아 모험가들이 공중으로 도약해 물속으로 텀벙 뛰어드는 모습을 구경했다.

열 살 난 우리 아들이 3미터 점프를 시도하고 싶어 했다. 아이는 용기를 내서 해냈고, 이어 작정하고 7.5미터 절벽에서도 뛰어내렸다! 이에 감동한 나는 드물게 충동적으로 아내에게 "우리도 15미터 절벽에서 뛰어 봅시다!"라고 말했다. 아내도 나처럼 좋다고 화답했다. 부모 노릇에 관한 한 아마 최악의 순간이었을 것이다. 나이도 어린 데다 물에 젖어 춥기까지 한 세 아이를 (집에서 한참 먼) 아래쪽 바위의 생판 모르는 사람들에게 맡겨 놓고 15미터 절벽에서 떨어지는 부모를 구경하게 했으니 말이다.

가파른 길을 올라 꼭대기에 이르니 한 남자가 사람들에게 뛰어내리는 법을 알려 주고 있었다. 그가 우리에게 한 말은 이렇다. "난간까지 가서 입수 지점을 정한 뒤, 딱 셋을 세고 뛰어내리세요. 길게 생각할 것 없어요. 생각이 많아지면 단념하게 됩니다. 많은 사람이 저기 앉아 점프할 '준비가 충분히 되었다고 느껴질' 때를 기다리지만, 그 느낌은 절대로 오지 않습니다. 즐기세요. 아주 재미있을 겁니다!"

우리는 그 말대로 했다. 둘이 손을 잡고 난간까지 걸어가 밑을 내려다본 뒤, 셋을 세고 뛰어내렸다.

우리도 해냈다!

물 밖으로 나오니 그 불안한 사람들은 여전히 절벽 꼭대기에 앉아 있었다. 오래 기다릴수록 그들은 더 불안해졌다. 우리가 슬라이드 록 주립 공원을 떠날 때도 그들은 거기에 있었다. 어쩌면 지금도 그 자리에 있을지도 모른다!

그 불안한 사람들은 우리가 알아야 할 중요한 진리를 예시해 준다. 즉, 불안은 피할수록 더 심해진다.

우리는 준비된 느낌이나 확실한 느낌을 늘 찾지만, 대개는 얻지 못한다. 그래서 우리는 행동하지 않는다. 자신의 의견을 개진하지 않는다. 그 사람에게 데이트를 청하지 않는다. 그 새로운 활동을 시도하지 않는다. 직장에서 그 아이디어에 이의를 제기하지 않는다. 배우자(또는 자신)에게 솔직해지지 않는다. 불량배에게 맞서지 않는다. 그러다 보니 사는 재미도 없다.

우리는 회피가 안전하고 현명하다고 자신을 다그치지만, 자신이 삶을 놓치고 있음을 안다. 만성 염려, 불쑥 쳐들어오는 생각, 원치 않는 감정으로 힘들어하는 사람은 뇌의 서킷 경보를 뚫고 나가는 모험을 배워야 한다. 자신의 두려움에 부딪쳐야 한다. 이것이 이 마음 돌봄 안내서 머리말에 소개한 네 가지 원리

중 하나인 '노출'이다. 노출이란 두려움을 피하기보다 이해하고 부딪치는 것이다.

당신에게 두려워하라는 신호를 보낼 때, 뇌는 확인하려 한다. 잠재적 위험을 경고하려는데, 아직 백퍼센트 확신이 없기 때문이다. 그래서 뇌는 "이게 두려워해야 할 일인 것…맞지?"라고 묻는다. 당신의 행동이 그 위험 신호를 확증해 줄 수도 있고, 거기에 이의를 제기할 수도 있다. 그러면 뇌는 그대로 배운다. 당신이 불안을 뚫고 나가면 뇌는 "음, 다음번에는 두려워할 일이 아니겠군"이라고 말한다. 당신이 피하면 뇌는 "내가 옳았어! 계속 불안해하는 게 맞지"라고 말한다.

일례로, 내 아내는 늘 거미를 무서워했다. "거미라면 쳐다보지도 못하겠어요! 안 돼요"라고 늘 말했다. 그래서 나는 내가 불안 문제로 상담을 받는 동안, 아내도 노출을 통해 거미 공포증에 의지를 갖고 서서히 부딪쳐 보겠느냐고 물었다. 그러면 이런 감정에 대해 서로 깊은 대화를 나눌 수 있을 테니 말이다. 아내는 좋다며 우선 거미를 사진으로 보았다. 자청해서 불안해진 뒤에 그 감정을 처리하는 것이다. 그런데 정말 효과가 나타났다! 두려움에 당당히 부딪친 아내가 참 자랑스럽다. 아내는 지금도 딱히 거미를 끌어안지는 못하지만, 그래도 공포가 촉발되어 불안에 압도되는 일은 더는 없다. 언젠가는 크고 울룩불룩한

털북숭이 거미를 손에 올려놓는 모습도 볼 수 있으리라.

두려움과 불안과 염려의 감정은 하나님이 주신 선천적 뇌 기능이지만, 이런 감정에 대한 우리의 반응은 대부분 학습된 것이다. 우리는 그분의 도움으로 새롭게 반응할 수 있다. 학습된 반응이니 당연히 재학습도 가능하다. 우리 뇌에 그런 신경가소성(뇌가 경험에 반응해 스스로 변화하는 능력―옮긴이)이 있다. 회피하면 더 불안해지지만, 노출을 통해 부딪치면 자신을 재교육해 이후의 불안을 줄일 수 있다.

이런 생각이 들지도 모른다. "하지만 거미한테 물려 다칠 수도 있는데!" 물론이다! 노출을 통해 부딪치는 목적이 모든 불확실성을 없애기 위해서는 아니다. 우리 부부가 절벽에서 뛰어내리던 이야기로 다시 돌아가 보자. 입수할 때 마리는 다리가 약간 벌어져 있었고, 나는 아래를 보고 있었다. 그래서 아내는 미골에 타박상을 입었고, 나는 눈의 실핏줄이 터졌다.

이 이야기의 요지는 "불안을 뚫고 나가면 나쁜 일이 하나도 생기지 않는다"가 아니다. 요지는 여태 당신이 두려움 때문에 무력해져 있었다는 것이다. 두려움을 뚫고 나가면 본연의 삶을 누릴 수 있지만, 피하면 피할수록 불안이 가중된다. 지금 나는 절벽에서 뛰어내리라고 권하는 게 아니다. 아니, 어쩌면 그런 건지도 모르겠다. 권하노니 두려움이라는 안전지대에서 도약해 당신 앞에 펼쳐진 시원한 물속 같은 삶으로 뛰어들라.

앞 장에서 당신에게 감정 일지와 두려움의 사다리를 작성할 것을 당부했다. 아직 하지 않았다면 시간을 내서 시작하라. 완벽할 필요도 없고, 일부만 기입해도 된다. 다만 계속 진도를 나갈수록, 그 둘이 더 많이 소용될 것이다.

실천 방안

1. **두려움의 사다리 중의 무언가에 자신을 노출하라.** 등급 숫자가 가장 낮은 두려움을 찾아내 그 두려움에 직접 살짝 부딪쳐 보라. 예컨대, 사람들 앞에서 말하는 게 두렵다면, 소그룹이나 수업 모임에서 발언해 보라. 그게 너무 버겁거든 우선 사람들 앞에서 말한다는 개념에 자신을 노출하라. 모임에서 발언한다고 상상하고 그 개념에 수반되는 불안을 어느 정도 느낀 뒤, 그동안 이 마음 돌봄 안내서에서 배운 일부 도구를 활용해 당신의 생각과 감정에 다르게 반응하라.

2. **감정을 경험하라.** 두려운 일을 하기 전과 하는 동안과 하고 난 후에 당신의 생각과 감정을 잘 살펴 두었다가 감정 일지에 기록하라. 이것은 중요하다. 당신은 "일단 했으니

더 생각하고 싶지 않다"라고 말할지 모르지만, 그것도 일종의 회피다. 당신의 생각과 감정을 피하려 하지 말라. 그대로 경험하고 기록하라.

3. **성공을 경축하라.** 당신이 두려움 쪽으로 작은 한 걸음을 내딛고 불안한 생각과 감정을 일부 기록했다면, 축하한다! 당신은 해냈다! 과감하고 사려 깊게 불안에 부딪치기 시작한 것이다. 그게 당신에게 쉬웠든 괴로웠든, 이것이 전진의 길이다. 잠시 경축하라. 계속 이렇게 가면 된다. 희망이 있다.

11

전방에 집중하라

불안에 집중할수록 더 불안해진다.
불안을 인정한 뒤
더 중요한 것에 집중하면
'불안 사고'를 예방할 수 있다.

405번 고속도로로 차를 몰아 약속 장소에 가던 길이었다. 도로는 한산했으나 전방 왼쪽 갓길에서 경광등이 번쩍였다. 사고가 난 것이다.

창밖을 내다보며 속도를 줄였다. 이것을 **목을 늘여 뺀 구경**이라 하는데, 나는 그 방면의 전문가다. 그래서 주행 중인 채로 간단한 조사에 착수했다. 차량 피해를 살펴보고, 경찰관과 대화 중인 운전자들을 찾아내고, 사고가 어떻게 났을지 상상해 보았다. 그러다 갑자기 비명을 질렀다. 어어—!

사고 난 곳에 온통 한눈을 파느라 내 앞차를 보지 못했던 것이다! 브레이크를 세게 밟아 추돌 직전에 멈추었는데, 하필 그

지점이 사고 현장 바로 앞이었다. 나는 안도의 한숨을 내쉰 뒤 천천히 경찰관 쪽을 보았다. 사고를 조사하던 그가 그럴 줄 알았다며 내게 흘끗 보내는 눈길이 마치 "이 사고도 그러다 난 거요"라고 말하는 것 같았다.

어떻게 된 일일까? 나는 나쁜 일에 잔뜩 집중하느라 사고를 낼 뻔했다. **염려도 이와 같다**는 생각이 들었다. 나쁜 일에 너무 오래 집중하면 그만큼 '불안 사고'를 내기 쉽다.

불안은 주목을 먹고산다. 염려에 주목할수록 거기에 더 힘이 실린다. 우리 머릿속에 울리는 경보음으로 부족하다는 듯, 온 사방에 경보음이 넘쳐난다. 우리가 사는 세상은 나쁜 일에 집중하면서 늘 걱정거리를 들쑤신다. 걱정거리를 무시하고 싶어도 소용없다. 불안은 회피를 통해서도 커지기 때문이다. 그야말로 진퇴양난이다! 주목하거나 회피할수록 불안이 깊어진다. 어찌할 것인가?

불안을 다스리는 데 도움이 될 단순한 기술로, 주목과 회피 사이의 중용이 있다. 고속도로에서 내가 사고를 낼 뻔했던 이야기로 다시 돌아가 설명해 보겠다.

충돌 직전까지 간 상황을 예방할 수 있는 방법은 두 가지였다. 첫째로, 사고를 그냥 무시하고 아예 보지 않는 것이다. 애초에 왼쪽을 보지 않았다면 내 앞차가 보였을 것이다. 간단하지만 현실성은 없다. 나는 호기심이 많은 사람이며, 구경은 잘못이 아니라 자연스러운 일이다. 둘째로, 내 차를 세우고 완전히 사고 현장에 주목하는 것이다. 움직이지 않으니 충돌할 일도 없다. 그러나 이 역시 현실성은 없다.

다행히 제3의 길이 있다. 잠시 충돌 현장을 보고 인식하고 어느 정도 정보를 모은 뒤, 마땅히 보아야 할 전방으로 눈길을 돌리는 것이다!

내 상담자 스콧 사이밍턴이 가르쳐 준 이 불안 처리 기술을 '두 화면 요법'(Two-Screen Method)이라 하는데, 이는 그의 책 『불안한 생각과 감정에서 벗어나라』(*Freedom from Anxious Thoughts and Feelings*)에 자세히 설명되어 있다. 본서 끝에 있는 추천 도서에도 이 책이 소개되어 있다.

기본 개념은 이렇다. 당신 앞에 텔레비전 화면이 있다고 상상해 보라. 그 화면에는 하나님이 당신에게 보여 주시려는 좋은 것들이 나온다. 당신의 가정, 직장, 학교, 가치관, 성장과 기회의 분야, 당신의 건강한 전진을 돕는 주변 사람 등이다. 도전과 갈등도 있지만 모두 당신에게 유익한 성장 영역이다.

이번에는 당신의 주변 시야에 잡히는 다른 화면을 상상해 보라. 이 측방 화면에는 온갖 잡다한 것이 등장한다. 세상의 모든 문제, 사람들의 나쁜 선택, 당신에 대한 평가, 당신 소관 밖의 당면하고 임박한 사건들, 여태 범한 실수, 지금도 그랬으면 싶은 과거의 성공 등이 당신의 주목을 독점하려 한다.

이때 당신은 완전히 측방 화면에 주목하거나 그것을 아예 무시하기보다는, 그쪽을 보고 인식하고 어느 정도 정보를 모은 뒤, 마땅히 주목해야 할 전방 화면에 다시 집중하면 된다. 불안할 때, 우리는 잠시 옆을 보다가 다시 앞을 보는 이 단순한 기술 덕분에 '불안 사고'를 예방할 수 있다.

측방 화면(또는 내 이야기 속의 차창)은 매혹적일 수 있다. 우리 뇌의 경보음은 우리가 완전히 그쪽에 집중해야 한다는 메시지를 보낸다! 고속도로에서 난 사고도 아마 똑같은 생각의 산물이었을 것이다.

이 기술을 나는 부정적 이메일을 읽고 답장할 때 생기는 불안에 적용했다. 며칠 전 밤에 나는 어떤 사람으로부터 내가 무언가 잘못하고 있다고 비난하는 이메일을 받았다. 그 사람은 내게 끔찍한 동기까지 있다고 단정했다. 예전 같았으면 나는 둘 중 하나로 반응했을 것이다. 이메일을 완전히 무시하려 하든지, 아니면 거기에 철두철미 주목하느라 시간과 에너지를 과도히 쏟아붓든지 말이다.

그러나 두 화면 요법은 이렇게 말한다. "불안의 원인을 기꺼이 보고 인식한 뒤, 주목의 초점을 이 순간 마땅히 주목해야 할 곳으로 도로 전환하라." 그래서 나는 그대로 해 보았다.

나는 이메일을 읽고서 이렇게 혼잣말했다. "정말 가시 돋친 이메일일세. 방어 심리가 절로 드는군. 이 사람을 바로잡아 주고 싶지만, 한편으로 내가 정말 잘못한 게 있을지도 모르지. 정서적 혼란과 불안이 지금처럼 심하지 않을 때, 좀 더 여기에 주목해 봐야겠다. 곧바로 답장할 필요는 없으니까." 그러고는 메일을 읽기 전에 하던 일로 다시 돌아갔다. 여전히 불안했지만 이젠 내게 방도가 있다.

그것이 첫 단계다. 즉, 수용하고 전환하라.

그런데 무엇으로 전환해야 할까? 전방 화면으로 다시 전환하라. 화면 내용은 사람마다 다르다. 그 순간에 당면한 책무(업무, 가정 또는 취미)일 수 있고, 긍정적 사고방식(핵심 신념, 가치관, 영적 세계관)일 수도 있다. 해당 불안에 충분히 주목할 수 있는 때와 장소로 주의를 전환할 수도 있는데, 이것은 다음 장에서 살펴볼 것이다. 내가 해 보니, 불안을 인식하되 거기에 집중하지는 않아도 된다고 자신에게 허락해 주는 것만으로도 건강한 방향 전환이다. 덕분에 나는 계속 전방에 집중할 수 있다.

이 전환 기술은 옛 지혜를 새롭게 표현한 것이다. 사도 바울은 당대에 예수를 따르던 불안한 이들에게 건넨 마지막 권고에서 방향 전환을 이렇게 기술했다. "끝으로 형제들아, 무엇에든지 참되며 무엇에든지 경건하며 무엇에든지 옳으며 무엇에든지 정결하며 무엇에든지 사랑받을 만하며 무엇에든지 칭찬받을 만하며 무슨 덕이 있든지 무슨 기림이 있든지 이것들을 생각하라"(빌 4:8).

실천 방안

1. **마땅히 집중해야 할 것을 열거하라.** 당신의 삶을 살펴서 유익하고, 목적에 부합하며, 활력을 주는 사람·활동·개념을 기록하라. 전방 집중에 도움이 되는 중요한 관계, 유의미한 일, 창의적 취미, 당신의 참 정체성 등이 이에 해당할 수 있다. 예컨대, 나는 하나님이 나를 사랑하시고 용서하시며 내게 이 세상에서 선을 행할 재능을 주셨다고 믿는다. 이는 내 '전방 화면'의 일부다. 측방 화면이 '너는 멍청이야'라고 말할 때면 나는 하나님이 보시는 내 정체성 쪽으로 초점을 전환할 수 있다.

2. **두 화면 요법을 연습하라.** 다음번 불안한 순간에는 불안의 원인을 피하지도 말고 완전히 거기에 주목하지도 마라. 수용하고 전환하라. 잠시 시간을 내서 불안한 생각과 감정을 인식한 뒤, 마땅히 더 주목해야 할 것에 집중하라.

도움이 되겠거든 일정표에 따로 시간을 정해 두었다가, 불안한 생각이나 감정을 그때 다시 돌아보며 다르게 처리하라.

3. **'측방 화면 지원'을 삭감하라.** 쓸데없이 방아쇠로 작용할 만한 내용물을 인식하고 줄이라. 예컨대, 뉴스 사이트를 확인하거나 SNS를 훑어보거나 비관론을 듣거나 대화를 머릿속에 재생하는 등의 시간을 줄이라. 방아쇠를 피할 거야 없지만, 건강 회복을 더 어렵게 만드는 요인이라면 노출을 제한하라.

12

염려에 시간제한을 두라

불안은 즉각적 행동을 재촉한다.
언제 어디서 얼마 동안 염려할지를 정해
주도권을 되찾으라.

내 친구의 열 살 난 딸은 걱정이 많아 고생이다. 학교에서 돌아올 때 이미 많은 것에 짓눌려 있기 일쑤였다. 특히 저녁 무렵을 힘들어했다. 해가 지면 온갖 고민거리에 대해 생각할 시간이 줄어들기 때문이다. 대개 저녁을 먹을 입맛도 잃었고, 방에 틀어박혀 집중하려 애쓰다가 밤늦게야 숙제를 마쳤다. 그러니 당연히 수면이 부족해 그다음 날에는 문제가 가중될 뿐이었다.

다행히 엄마와 함께 읽은 어떤 아이디어가 거의 즉시 상황을 호전시켰다. 바로 염려 상자 만들기다. 작은 상자를 찾아내 자신에게 의미 있게 꾸며서 방에 둔다. 염려, 고민 또는 불안 요인이 생기면 종이쪽지에 적는다. 메모를 염려 상자에 넣고 다시 일과로 돌아간다. 하루를 마칠 때, 상자 안 메모를 꺼내서 읽고 주목한다. 염려가 줄어들었거든 그 메모는 버려도 된다. 더 염려할 게 있다고 느껴지거든 상자에 다시 넣었다가 나중에 다시 본다.

그 방법이 통했다!

친구의 딸에게 돌파구가 열렸다. 정서 생활과 시간 관리에 변화가 나타났다. 숙제를 일찍 마치고 너무 늦지 않게 잘 수 있었고, 저녁 시간대의 식욕까지 되살아났다!

염려 상자는 요술이 아니다. 그것으로 그 딸의 불안이 치료되지는 않았다. 염려 상자는 정상화, 인식, 노출 같은 중요한 기술을 실천할 계기를 마련해 주는 단순한 기술이다. 더 중요하게, 염려 상자의 취지는 당신의 염려에 시간제한을 두는 것이다. 불안에 주목하는 시간을 제한하면, 불안이 우리 삶에 미치는 막강한 영향력을 최소화할 수 있다.

염려 상자를 만들면, 만성 염려, 불쑥 쳐들어오는 생각, 원치 않는 감정에서 해방되는 데 다음과 같이 도움이 될 수 있다.

염려 상자는 우리 삶 속에 불안의 자리를 확보해 준다. 이미 배웠듯이 불안은 정상이며 꼭 필요하다. 불안은 위협이 느껴질 때 반응하라고 하나님이 주신 것이다. 그러므로 불안을 억누르거나 무시해서는 안 되며, 몰아내려 해서도 안 된다. 불안을 집 안에 있는 반려견처럼 생각하라. 우리는 개가 우리의 좋은 친구가 되어 주고 실제 위협을 경고해 주기를 바라지만, 가구를 물어뜯고 아무 데나 오줌을 싸게 내버려둘 수는 없다. 불안도 우리 삶 속에 들어설 자리가 있으나 훈련과 한도가 필요하다.

염려 상자는 "내 염려를 환대하고 그것에 아름다운 자리를 내줄 수 있으나, 제한은 필요하다"라는 말과 같다. 내 친구의 딸은 12평방센티미터의 염려 상자를 판지로 예쁘게 만들었다. 알록달록해서 보기에도 재미있고, 자신의 방과도 잘 어울렸다. 내막을 모르는 사람은 그게 무슨 용도인지 알 길이 없다.

염려 상자는 염려를 우리가 통제하도록 해 준다. 불안은 뇌와 몸의 자동 반응이며, 통제 불능으로 느껴진다. 다행히 뇌가 곧 우리는 아니다. 우리는 불안의 지배를 차단하고, 자신의 생각과 감정에 대한 반응을 주도할 수 있다.

사도 바울은 신약성경에서 "모든 생각을 사로잡아 그리스도에게 복종하게 하니"(고후 10:5)라고 썼는데, 이는 본연의 경건한 삶에서 우리를 멀어지게 하는 생각과 관점도 많이 있다는 말이다. 염려 상자는 "내 불안에 언제, 어디서, 어떻게 대응할지를 내가 결정할 수 있다"라는 말과도 같다.

염려 상자는 일부 염려를 미결로 두게 해 준다. 불안은 종결을 요구하지만, 삶의 많은 요소에는 종결이 없다. 관계는 깔끔하지 않고, 소통은 모호할 수 있으며, 미래는 미지의 영역이다.

삶은 불확실성과 신비로 가득하다. 염려 상자는 불안이 잔존하는 중에도 풍성하고 의미 있는 삶이 가능하다는 물리적 환기 장치다.

우리의 염려 상자에는 늘 염려가 남아 있을 것이다. 염려 상자는 우리가 "그 염려의 답은 아직 내게 없지만 그래도 괜찮다"라고 말하는 방식이다. 염려 상자는 **체계적 둔감화**(systematic desensitization)라는 것을 실천하는 방법 중 하나다. 염려를 그냥 남겨 둠으로써 우리는 불확실성을 견딜 수 있도록 자신을 재교육한다.

염려 상자를 활용할 때 가장 중요한 부분은 아마도 상자를 열 때 자제를 연습하는 것이다. 염려 상자는 자칫 판도라의 상자가 되어 당신에게 산더미 같은 불안을 폭발시킬 수 있다! 내 친구의 딸에게 허락된 '실제로 염려하는' 시간은 하루에 10분 정도였다. 역시 목표는 당신의 염려를 몰아내는 게 아니며, 그게 가능할 리도 없다. 여기서 목표는 염려에 어느 정도 시간을 내준 뒤 나머지 삶으로 넘어가는 것이다.

이런 의문이 들 수 있다. **실제 상자가 필요한가? 머릿속에서 할 수는 없나?** 어떤 사람에게는 물리적 상자와 실제 종이쪽지가 뇌의 특정 부위를 활성화해 엄청난 도움이 된다. 내 경우는 염려 상자라는 활동이 머릿속에서 이루어진다. 이번 장을 쓰려는데, 정말 이런 불안한 생각이 뇌리를 강타했다. **이 주제에 대해 쓸 만큼 내가 충분히 아는 것 같지 않은데.** 나는 10초쯤 생각한 후에 이렇게 정리했다. 그럴지도 모르지. 일단 이 염려를 머릿속에 메모해 두고, 이 주제에 대해 내가 아는 내용을 쓰자. 다 쓴 다음에 이 염려로 다시 돌아오자. 이번 장을 다 쓰고 나서 그 염려를 다시 생각해 보니, 이제 그것을 버려도 되겠다는 판단이 섰다.

실천 방안

1. **염려 상자를 만들라.** 물리적 상자와 머릿속 상자 중 어느 쪽이 좋을지 정하라. 창의력을 발휘해 실제 상자를 만들어 보는 것도 좋다. 목공 일을 하는 내 친구는 나무로 아름다운 염려 상자를 짰는데, 그 제작 경험 자체에 깊은 치료 효과가 있었다. 물리적 상자의 경우, 쉽게 손닿는 곳에 두라. 잘 만들라. 나쁜 상자가 아니기 때문이다. 이 상자는 중요하되 한도가 필요한 당신의 일부를 존중하기 위한 것이다.

2. **염려 상자에 당신의 염려를 넣으라.** 염려나 불안이 찾아오거든 메모를 써서 상자에 넣으라. 당신이 상자 근처에

있지 않다면 우선 다른 대용품에 넣어 두었다가 나중에 상자로 옮기면 된다. 두 화면 요법에 관한 대목을 다시 읽어 보면 좋다. 염려 상자는 그 기술을 적용하는 물리적 방법이다. 불안을 수용하되 일단은 글로 적어 따로 두고, 가장 중요한 일로 전환하라. 내 전화기에 디지털 염려 상자가 있다. 나는 메모 앱에 이것저것 적어 두었다가 나중에 생각한다.

3. **염려하기에 적당한 때를 정하라.** 때와 장소를 정해서 염려를 되돌아보라. 상자에서 메모를 꺼낼 때 내용을 미리 보지 말라고 권하고 싶다. 그러면 덜 얽매이게 된다. 아울러 믿을 만한 친구에게 염려의 처리 과정을 도와 달라고 해도 좋다. 불안한 생각을 곱씹는 악순환을 면하는 데 그들의 질문과 격려가 도움이 될 수 있다.

13

자신에게 친절하게 말하라

당신의 불안한 순간은 내면의 대화에 따라
완화될 수도 있고 악화될 수도 있다.
자책하기보다는,
자신을 너그럽게 대하는 법을 배울 수 있다.

어렸을 때 나는 머릿속으로 나 자신을 인터뷰하고는 했다. 상상 속의 내가 심야 토크쇼에 출연하면, 진행자는 "오늘 모실 분은 훌륭한 젊은이입니다. 이것(그 주에 내가 꿈꾸던 대단한 실적 아무거나)으로 가장 잘 알려져 있지요"라고 말문을 뗀 뒤, "제이슨 큐직을 환영해 주십시오!"라고 외친다.

내가 커튼 뒤에서 한 발짝 나오면 밴드의 연주가 시작된다. 나는 밴드 리더에게 살짝 고개를 까딱해 보인 뒤, 청중의 박수를 받으며 세 방향의 객석을 향해 손을 흔든다. 그러다 내가 작은 무대로 올라서면, 진행자가 데스크를 돌아나와 나와 악수하면서 살짝 끌어당겨 귓속말을 한다. 우리는 미소를 주고받으며 착석한다. 잠시 잡담을 나누다가 진행자가 묻는다. "제이슨 씨, 요즘 근황이 어떤가요?"

내 상상 속에서 이런 인터뷰가 재생될 때면, 진행자는 늘 내가 하는 일에 관심을 보이며 "와, 더 자세히 말씀해 주시지요!"와 같이 말했다. 늘 나를 인정해 주며 "그런 일을 하셨군요. 정말 재능이 뛰어나십니다"라고도 말했다. 또는 "그 말은 무슨 뜻인가요?"와 같은 좋은 질문도 많이 던졌다.

그는 훌륭한 진행자였다! 내가 바로 그였으니 그럴 수밖에 없지 않겠는가? 이 모든 가상 인터뷰는 내가 나 자신한테 한 것이었다. 그래서 재미있고 긍정적이었으며 자신을 명쾌하게 표현할 수 있었다. 그런데 내 머릿속에 다른 대화가 오갈 때는 그 현명한 진행자가 없었다.

그럴 때 내 혼잣말은 이런 식이었다. "너는 덜떨어졌어. 귀가 너무 크고 주근깨가 너무 많아. 이렇게 [내 느낌에 그랬어야 하는 것을] 했어야지." 이런 내면의 비난이 끊임없이 이어진 것은 아니지만, 하필 가장 해로울 만한 때에 등장하고는 했다.

불안에서 해방되려면 자신에게 그리고 자신에 대해 어떻게 말하는지가 더할 나위 없이 중요하다. 가장 치열한 싸움일수록 머릿속에서 승패가 갈리는 법이다.

불안을 안고 사는 사람들은 자신의 부정적 혼잣말을 포착하고 그 속의 거짓을 드러내기가 어렵다. 부정적 혼잣말이 우리 자신의 목소리로 위장하기 때문이다. 우리는 자신을 믿는 데 익숙해져 있다. 그래서 생각이나 감정이 자신의 가장 선하고 합리적이며 진실한 부분에서 나온다고 믿는다. 하지만 늘 그런 것은 아니다.

내 친구 클레어(가명)는 거의 평생을 정신 질환에 시달렸다. 우울증을 앓는 데다 자해 행동까지 보였고 자아상이 한없이 초라했다. 외모도 늘 정신을 따라가 대개는 관리되지 않은 초췌한 모습으로 고립되어 살았다.

자진해서 입원하고는 했던 여러 정신 병원으로 그녀를 심방한 기억이 있다. 그녀의 많은 문제는, 사고를 왜곡시켜 망상과 환각을 낳는 조현병과의 오랜 싸움에서 기인했다. 클레어를 힘들게 한 조현병의 흔한 증상은, 머릿속에 자신에게 해로운 환청이 들린다는 것이었다.

근래에 클레어를 보았는데, 그녀는 다른 사람이 되어 있었다! 새 옷을 입고 밝은 얼굴로 교회에서 대화를 나누고 있었다. 잠시 따로 있을 때, 달라 보인다고 말했더니 그녀는 얼굴을 붉히며 "아주 잘 듣는 약물을 새로 찾아냈거든요. 영구 치료는 아니겠지만 당장은 도움이 됩니다"라고 말했다.

"환청은 사라졌나요?" 내가 물었다.

"아니요! 그냥 더는 거기에 귀를 기울이지 않는 법을 배우고 있어요. 전에는 고성이던 그것이 차차 속삭임으로 바뀌었다가 지금은 들릴락 말락 중얼거리는 배경음에 불과하답니다."

당신의 불안한 자아가 "너한테도 조현병이 있을지 몰라!"라고 말하기 전에, '머릿속의 목소리'는 누구에게나 있음을 기억하자. 이것은 자신의 목소리다! 우리는 모두 온종일 생각과 감정을 처리한다. 아직 기제가 다 밝혀지지 않았지만, 그 작업은 잠자는 중에도 계속된다. 여기까지는 정상적이고 자연스러운 현상이다.

그렇다면 우리 내면의 부정적이고 해로운 생각과 감정은 어디서 올까? 내가 믿기로 세 가지 원천에서 온다. 곧, 혼잣말, 사람들에게 들은 말, 우리 영혼의 숙적인 마귀의 거짓말이다.

혼잣말. 중학교 때 시험을 망치면, "이 바보야"라고 혼잣말한다. 취직에 실패하면, "네가 잘될 리가 없지"라고 독백한다. 결혼에 파국을 맞으면, "나는 매력 없는 사람이야"라고 단언한다. 이 모두가 당신의 뇌에 저장되어 어느새 자신을 부정적으로 낙인찍는 자멸의 어휘로 진화해 점차 자동적 사고로 굳어진다. 최악은, 이런 말이 자신의 목소리로 들려온다는 것이다!

사람들에게 들은 말. 혼잣말은 다분히 부모·친구·사장·종교 지도자 등 우리 삶에서 중요한 사람들에게 들은 말에서 비롯한다. 우리는 그들을 믿도록 배웠는데, 그들은 불완전한 사람이며 그중 더러는 우리에게 깊은 해를 입혔다. "거짓도 자꾸 말하면 진실처럼 들린다"라는 속담이 있다. 우리는 부정적인 말을 귀가 따갑게 들었을 수도 있고, 딱 한 번 들은 말이 뇌리에 박혔을 수도 있다. 그때부터 우리는 스스로 자신에게 그 말을 되풀이했다.

원수 마귀의 말. 예수는 우리와 하나님의 관계를 해치려는 적이 인격체로 존재한다고 가르치셨다. 그는 바로 도둑질하고 죽이고 멸망시키려는 마귀다(요 10:10). 때로 이 영적 원수가 우리의 혼잣말에 불을 지핀다. 예수는 우리를 불러 그의 거짓말을 믿지 말고 진리를 믿으라 하신다. 진리는 그분이 우리를 지으시고 사랑하시고 택하시고 재능을 주신다는 것이고, 자신의 죽음과 부활로 값을 치러 우리에게 풍성하고 의미 있게 살아갈 능력을 주신다는 것이다.

다음번에는 자신을 비난하기보다 자신에게 친절하게 말하라. 할 수 없다고 단언하기보다 당신이 할 수 있는 일을 말하라. 자신에게 온갖 '해야 할' 일을 늘어놓지 마라. 머릿속의 부정적인 혼잣말을 듣고 믿을 게 아니라, 그것을 중단하고 자신에게 인정과 희망의 말을 들려주라.

실천 방안

1. **자신의 강점에 주목하라.** (신체적·관계적·영적인 면에서) 당신 특유의 강점, 최고의 개성, 자기 마음에 드는 점을 열거하라. 약점에 집중하지 말고 강점에 집중하라. 강점에 주목하는 게 교만하게 느껴지거든, 그것을 즐거이 표출해야 할 하나님의 선물로 보라.
2. **부정적 생각의 출처를 짚어 내라.** 다음번에 자책하는 생각이 들거든, 그것을 침묵시키려 하지 말고 캐물으라. 스스로 하던 말이 몸에 밴 것인지 아니면 누군가의 말을 듣고 그대로 믿은 것인지 파악해 보라. 자신을 비난하는 목소리나 생각의 진위를 따져 보라.
3. **생각 속에 하나님의 관점을 들여놓으라.** 불안한 생각과 감정이 찾아오거든, 그 순간 속에 하나님을 모셔 들이라. 그분과 대화하면서, 당신을 향한 그분의 사랑을 일깨워 주실 것을 구하라. 우리의 감정은 변덕스럽고 생각도 믿을 수 없지만, 하나님의 약속은 언제나 진실하다.

14

안식을 찾으라

> 불안은 창조주와의 뜻깊은 소통을
> 앗아갈 수 있지만,
> 속도를 늦추어 자신의 영혼을 돌보라는
> 초대일 수도 있다.

내 분주한 세계를 벗어난 조용한 곳이 필요하다고 느껴졌다. 어떤 사람이 캘리포니아주 말리부에 있는 세라 피정의 집(Serra Retreat House; 18세기 북미에서 활동한 스페인 천주교 선교사 후니페로 세라의 이름을 땄다—옮긴이)에 가 보라고 권해 주었다. 이전의 천주교 수도원을 피정 센터로 개조한 곳이었다. 온라인에서 주소를 찾은 뒤 자동차에 책을 두어 권 넣었다. 종일 금식할 작정이었다. 새벽에 한 시간쯤 운전해 피정의 집에 도착했으나, 문이 잠긴 채 닫혀 있었다.

너무 간절했던지 웹사이트에서 예약 부분을 놓쳤던 모양이다. 나중에라도 들어갈 수 있나 보려고 근처에서 기다리기로 했다. 길을 건너가 보니 작은 잔디밭에 태평양이 내다보이는 벤치가 놓여 있었다. 조용했다. 바닷가에서 불어오는 시원한 아침 공기 덕분에 내 하루의 시작이 달라졌다.

밀려오는 파도를 바라보고 있는데, 작은 무언가가 내 눈꼬리에 띄었다. 달팽이였다. 달팽이는 미동도 하지 않는 듯 보였으나 움직이고 있었다. 천천히 기어서 보도를 가로질러 어딘가로 향하고 있었다. "그 속도로 가다가는 하루 종일 여기 있겠는걸." 그런 생각이 들었던 기억이 난다. 다시 내 앞의 바다로 눈길을 돌려 침묵 속에 앉아 있었다. 1분처럼 느껴지는 시간이 흐른 뒤, 작은 복족류(腹足類) 친구가 어디까지 갔나 확인하려고 아래를 내려다보니 온데간데없었다! 달팽이 특유의 끈적끈적한 흔적만 반짝일 뿐이었다. 나는 "해냈구나! 달팽이의 속도지만 내 생각보다 빨랐어!"라고 중얼거렸다.

마침내 피정의 집 문이 열려서 물어보니 거기서 종일 보내도 된다고 했다. 안식과 묵상이 있는 조용한 하루였지만, 달팽이를 뇌리에서 떨칠 수 없었다. 가져간 일기장에 달팽이를 그렸다. 달팽이는 이후로도 계속된 그 피정의 집 나들이의 상징이자 내 영적 삶 전반의 목표가 되었다. 그때부터 이렇게 자문했다. "평소의 조급증과 불안 없이, 내 삶의 목적지에 잘 도달하려면 어떻게 해야 할까?" "속도를 늦추려면 어떻게 해야 할까? 불안을 모르던 그 달팽이의 자태가 내게도 있을까?"

나는 이런 안식을 찾는 데 도움이 되는 두 가지 실천을 발견했다. 바로 안식일과 영적 독서인데, 이 두 가지 훈련 덕분에 나는 속도를 늦추고 창조주와 뜻깊게 소통할 수 있게 되었다. 그 내용을 소개한다.

안식일. 말 그대로 쉬는 날을 뜻한다. 구약의 창조 이야기에 보면 하나님은 세상을 지으신 후에 안식하셨다. 피곤해서 쉬신 것 같지는 않고, 좋은 창조 세계를 즐거워하신 반추의 시간으로 보인다.

안식일은 우리도 이 모본을 따라 열심히 일한 후에 반추하며 쉬라는 초대다. 자력으로 충분하다는 우상에 맞서는 온유한 싸움이다. 안식일은 우리의 일하는 능력까지 포함해서 모든 좋은 것이 선물임을 일깨워 준다. 또한 우리 정체성을 일의 성과에서 찾지 말라는 경고이기도 하다. 하나님이 우리를 사랑하시고 귀히 여기시고 받아 주심은, 우리가 열심히 일해서가 아니라 사랑 안에서 창조되었기 때문이다.

내게는 안식일이 힘들다. 독립심이 강한 데다 대개 나의 가치를 생산성과 연계하기 때문이다. 그러다 보니 책임감이 필요 이상으로 강해져 불안이 가중된다. 안식일을 처음 실천하던 날, 내가 거의 온종일 낮잠을 자기로 한 것도 순전히 그래야 '무언가를 하는' 것처럼 느껴졌기 때문이다.

나는 일주일에 하루씩은 쉬려 하고, 하루 중에도 생산성과 무관한 시간을 수시로 떼어 내려 한다. 방법을 찾아 속도를 늦추고, 한숨을 돌리며, 영적으로 다시 중심을 잡는다. 요즘은 아무런 기기도 없이 혼자 느긋하게 걷고는 하는데, 이런 '단독 산책'도 창조주의 좋은 세상을 즐거워하면서 내게 주어진 것에 조용히 감사하는 방법 중 하나다. 나는 예수가 바쁘고 불안한 제자들에게 이렇게 권유하신 것을 애써 기억한다. "너희는 따로 한적한 곳에 가서 잠깐 쉬어라"(막 6:31).

영적 독서. 어떤 종류의 글로든 영적 독서를 실천할 수 있지만, 내가 말하려는 것은 예로부터 내려온 **렉시오 디비나**(*rectio divina*; '거룩한 독서'를 뜻하는 라틴어 — 옮긴이)라는 성경 독법이다. 많은 사람이 성경을 문제 해답집이나 주제별 속성(速成) 참고서로 읽는다. 렉시오 디비나는 독자를 이끌어 속도를 늦추고 저자를 만나게 해 주는 방법이며, 네 부분으로 이루어진다.

첫 번째 부분은 **읽기**(*lectio*)다. 우선 조용하고 편안한 곳을 찾아 성경을 읽는다. 성경의 짤막한 본문을 택해 한 번 쭉 읽는데, 처음 읽는 이때에는 자신에게 두드러져 보이는 은유와 인물과 단어를 그냥 관찰하면 된다. 억지로 이해하려 하지 마라.

그다음 부분은 **묵상**(*meditatio*)이다. 같은 본문을 다시 읽으면서, 더 깊이 생각하고 싶은 감화가 느껴지는 부분이 있는지 보라. 저자의 의미와 메시지를 더 깊이 이해하려는 노력이 뒤따를 수 있다. 묵상할 때는 하나님의 인도하심을 구해야 하며, 순전히 학구적인 연구로 빠져서는 안 된다.

세 번째 부분인 **반응**(*oratio*)은, 읽고 배운 내용에 대해 하나님과 대화하는 시간이다. 큰 소리로 기도할 수도 있고, 자신의 생각과 감정을 일기장에 기록할 수도 있다. 반응의 핵심은 읽은 내용을 어떻게 적용할 것인가가 아니라 그 내용을 깊이 생각하면서 당신의 창조주와 대화하는 것이다.

마지막 부분은 **안식**(*contemplatio*)이다. 10분 동안 침묵하라. 조용한 가운데 하나님이 당신의 마음과 생각 속에서 역사하시게 해 드리는 것이다. 마음을 열고, 읽은 내용을 어떻게 적용할 것인가에 대해 하나님의 영적 인도하심을 받아들이라. 잡념이 들겠지만 당황하지 마라. 잡념을 공책에 적고, 가만히 다시 하나님께 그리고 당신이 읽은 내용에 주목하라.

이런 독서가 낯설거나 이상해 보일 수 있다. 당신이 신앙을 가진 지 얼마 되지 않았다면 특히 더 그럴 것이다. 만일 그렇다면 당신에게 편안한 방법으로 간단하게 시작해도 좋다. 이런 영적 훈련의 목표는 속도를 늦추어 우리를 창조하신 분과 (어쩌면 처음으로) 소통하도록 돕는 데 있다. 다행히 우리는 달팽이의 속도로 가도 거기에 도달할 수 있다!

실천 방안

1. **하나님과 단둘이 시간을 보내라.** 날을 잡고 장소를 정해 홀로 시간을 보내라. 평소 일과가 미치지 않는 조용한 야외를 권하고 싶다. 공책과 성경을 가져가라. 우선 그냥 쉬면서 침묵하라. 주위의 자연을 즐겨라. 준비되었다고 느껴지거든 그 고요함 속에 하나님을 모셔 들이고 영적 독서를 시도하라. 이 책 끝에 추천한 경건 서적도 좋은 읽을거리가 될 것이다.

2. **경험을 기록하라.** 한동안 하나님과 단둘이 있은 후에 당신이 경험한 바를 기록하라. 깊이 영적인 일이 딱히 없었을 수도 있고, 강렬한 경험을 했을 수도 있다. 당신의 생각과 감정을 창조주께 쓰듯이 기록하라. 내 일기장에 이런 대목이 있다. "하나님, 한동안 조용히 있으니 좋습니다. 무슨 신성한 계시를 받은 것 같지는 않지만, 제게 이런 시간이 필요했다고 생각합니다. 제가 여기 있는 걸 하나님도 즐거워하셨다는 묘한 느낌이 듭니다."

3. **당신의 정체성을 일과 분리하라.** 우리 중 많은 사람이 정

체성을 자신이 하는 일과 연계한다. 직업, 가정에서의 역할 또는 창의적 성과를 지나치게 자신과 동일시한다. 안식을 찾으려면 당신의 정체성이 일, 가정, 성과, 외모와는 별개임을 아는 게 중요하다. 생산성과 무관하게 자신이 누구인지를 열거하라. 예컨대, 나는 하나님의 자녀고, 한 인간이며, 다른 사람들에게 사랑받는 사람이다. 이 중 어느 것도 내가 하거나 하지 않는 행동 때문에 생긴 것이 아니다.

15

완벽이 아닌 진전을 찾으라

불안은 당신을 합격 아니면
실격의 범주에 가둔다.
자신의 진전을 인식하고 경축하는 법을 배우라.

밤새 잠을 이루지 못했다. 이튿날 리더팀의 아무개와 나누어야 할 껄끄러운 대화가 못내 걱정되었다. 최악의 경우가 머릿속에 꼬리를 이었다. 어느새 나는 대화를 잘 마무리하기에 딱 좋을 법한 말을 미친 듯이 궁리하고 있었다. 그러나 백약이 무효했다.

내 불안한 감정이 이 대화를 피해야 할 증거라고까지 생각했다. 그러자 내 안에 집요한 부정적 감정이 싹트면서 이런 메시지가 뒤따랐다. "네가 뭘 안다고 이러는 거야?" "이 직분은 너보다 노련한 리더에게 맡겨졌어야 했어."

바로 그때, 내게 명쾌한 인식의 순간이 찾아왔다. 나는 "아, 이것은 내 불안이 하는 말이구나!"라고 혼잣말했다.

초조한 마음, 고조되는 위기감, 과도한 고민, 밀려오는 부정적 감정, 감정과 증거의 혼동, 자책의 메시지. 이 모두는 내 뇌가 주관적 위협에서 나를 보호하려고 과열되어 있다는 징후였다. 지난 세월 내가 이런 때를 헤쳐 나가려고 몸에 익힌 의식(儀式)이란 바로 생각을 곱씹는 것이었다. 나는 장고 끝에 결국 두려운 일에서 손을 떼고는 했다.

그날 밤 그 명쾌한 인식의 순간에 나는 불안이 나를 이기고 있음을 깨달았다. 그래서 그동안 배운 몇 가지 기본 기술을 실천했다.

- 내 뇌의 잘 설계된 위협 중추로 인해 하나님께 감사했다.
- 내 계획이 아무리 꼼꼼해도 불확실한 부분이 여전히 남아 있음을 받아들였다.
- 이런 생각과 감정을 보유하지 않고, 느긋하게 앉아서 관찰했다.
- 10초 동안 내가 가졌던 몇 가지 생각과 감정을 파악했다.
- 껄끄러운 대화가 내 불안의 방아쇠임을 인식했다.
- 하나님께 초자연적으로 불안을 없애 달라고 하지 않고, 내 불안 속에 함께해 주시기를 기도했다.
- 끝으로, 내가 할 수 있는 최선은 이 껄끄러운 대화를 피하지 않고 부딪치는 거라고 결론지었다.

이튿날이 되었다. 나는 어떻게 했을까?

그 대화를 피했다.

그런데 나는 이것을 실패로 보지 않고 진전으로 보았다. 새로 배운 많은 유익한 기술을 실천해 내 불안한 생각과 감정에 대처했으니 말이다. 그것만으로도 경축할 만했다! 내가 깨달은 것이 또 있다. 자신이 한 일에 집중하지 않고, 하지 못한 부분을 강조하는 것이 내 불안 문제의 더 큰 증상이었다.

이 경험에서 가장 좋았던 부분은, 그 명쾌한 인식의 순간이었다. "이것은 내 불안이 하는 말이구나!"라고 말하는 순간부터 모든 것이 달라졌다. 그 몇 초 동안, 나는 사전에 짜인 프로그램대로 움직이는 조건화된 로봇이 아니었다.

심장 박동이 빨라지거나, 피하고 싶거나, 의식을 수행해 기분을 달래려는 충동이 들거나, 사람들에게 거리를 두거나, 머릿속에서 들려오는 자책의 메시지가 믿어지려 하는가? 그럴 때 이것을 불안의 표출로 인식할 수 있다는 것만으로도 진전이다. 잘했다!

"벽을 허물려면 벽이 있다는 것부터 알아야 한다"라는 말이 있다. 당신은 불안을 대면하고 있으며, 불안을 그 실체대로 보고 있다. 이는 커다란 진일보다. 진전을 경축하라!

어떻게 진전을 경축할 수 있을까?

범주가 아니라 연속선으로 생각하라. 매사를 합격 아니면 실격으로 보기보다 1부터 10까지의 단계적 진전으로 볼 수 있다. '10'이 완벽이라면, 이를 달성할 수 없음은 자명하다. '1'이 돌이킬 수 없는 실패라면, 이 또한 불가능하다고 단언할 수 있다. 그러면 남는 것은 2부터 9까지다. 우리가 자신에게 던질 수 있는 질문은 이것이다. "나는 이전에 비해서 얼마나 잘하고 있는가?"

늘 자신에 대한 부정적 생각과 싸우는 한 친구가 내게 말했다. "모든 사람이 나를 미워할까 봐 두렵고, 그 생각에서 종일… 어떤 때는 그보다 더 오래 헤어나지 못해." 나는 그를 만나 이 책에 나오는 몇 가지 연습을 지도해 주었다. 몇 주 후에 그가 내게 다시 와서 이렇게 말했다. "여전히 부정적 생각이 들기는 하지만 이제 온종일이 아니라 두어 시간밖에 가지 않아." 내가 말했다. "진전이네!"

자유로이 상황을 재평가하라. 해양 역사상 최대 참사 중 하나는 타이타닉호의 침몰이다. 이 거대한 '불침선'이 가라앉은 데는 많은 원인이 있으나, 주원인 중 하나는 불안이었다. 투자자들은 새로 건조된 이 배를 기한 내로 (사실은 그보다 일찍) 행선지로 보내려 했다. 이 불안 때문에 그들은 준비 과정에 편법을 쓰면서 통념을 외면하고 여러 경고 신호를 무시했다. 그들이 자유로이 상황을 재평가했다면 역사는 달라졌을 것이다.

내 아들은 의욕적이고 근면하고 책임감이 강하다. 그리고 완벽주의자이기도 하다. 대학 시절 어느 해엔가 아들은 학업과 리더 역할에 지나치게 헌신했다. 학과목을 철회하는 것이 그에게 실패의 표지로 느껴졌지만, 낙제도 실패이기는 마찬가지였다. 그해에 그의 가장 큰 성장은 학점이 아니라, 능히 자신에게 상황의 재평가를 허락해 한 과목을 철회한 것이었다. 경축할 만한 진전이었다!

시간을 보는 관점을 바꾸라. 영어에는 시간이라는 단어가 하나뿐이지만, 그리스어에는 둘이다. 바로 **크로노스**(*chronos*)와 **카이로스**(*kairos*)다. **크로노스**는 날과 시와 초처럼 쭉 흘러가는 시간을 가리킨다. 이런 의미의 시간은 우리에게 한정되어 있다. **크로노스**는 한 번 지나가면 끝이다. 반면 **카이로스**는 기회의 창이나 섭리의 순간을 가리킨다. 이것은 언제라도 발생할 수 있으며, 하나가 지나가면 다른 게 또 찾아온다.

내 친구 수지(Suzy)에게는 사회 불안(social anxiety; 대인 불안 증상-옮긴이)이 있다. 어려서부터 그녀는 자신의 생각과 감정을 나누면 놀림받고 거부당한다고 배웠다. 그 결과 새로운 관계에서 솔직해지기가 힘들어졌다. 그런 그녀가 친구 하나를 새로 만났는데, 수지는 그 친구를 신뢰하고 솔직히 마음을 나누어도 되겠다는 느낌을 받았다. 하지만 수지는 이 '**카이로스 순간**'을 놓치고 말았다.

그녀 자신도 그 순간을 놓친 걸 알았다. 기회를 놓친 걸 알았다는 것만으로도 진전이었다. 그다음 주 수지에게 다시 솔직히 마음을 나눌 만한 기회가 찾아왔다. 또 하나의 '**카이로스 순간**'이었다. 이번에는 그녀도 기회를 놓치지 않고, 자신의 생각과 감정을 나누었다. 이 또한 진전이었다!

우리 교회 담임목사가 되어 달라는 요청을 수락했을 때, 내게 불안이 밀려왔다. 나는 즉시 교회의 신임 지도자들을 위한 지혜를 얻기 위해 성경을 뒤졌다. 그러다 사도 바울이 자신의 젊은 제자 디모데에게 건넨 이 격려의 조언을 만났다. "이 모든 일에 전심전력하여 너의 진보(진전)를 모든 사람에게 나타나게 하라"(딤전 4:15, 개역한글). 그 순간 나는 완벽을 꾀하기보다 내 진전을 인식하고 경축하는 법을 배우기로 결심했다. 당신도 시도해 볼 수 있다. 나한테는 통하고 있다.

실천 방안

1. **이 마음 돌봄 안내서에 대한 당신의 진전을 돌아보라.** 이 책의 '차례'를 다시 보고 당신이 여태 배운 내용을 경축하라. 어떤 구체적 기술을 시도해 보았는가? 어떤 부분을 당신 삶에 통합시켰는가? 불안에서 해방되는 과정에서 이미 어떤 진전을 보았는가?

2. **다른 사람의 진전을 인정해 주어라.** 당신 주변에서 직원, 가족, 친구 등 세 사람을 정하라. 각자에게 중요한 영역에서 당신에게 보이는 그들의 진전을 쪽지에 손글씨로 써서 주라. 다른 사람의 진전을 경축하는 습관을 들이면, 당신 스스로에게도 똑같이 더 잘해 줄 수 있을 것이다.

3. **자신만의 격려 팀을 결성하라.** 당신의 불안 문제를 아는 사람들로, 믿을 만한 친구나 가족 둘을 찾으라. 그들에게 당신의 진전을 관찰해 알려 달라고 부탁하라. 도움이 되겠거든 그들도 이 책을 읽게 하라. 이렇게 하면 당신이 보지 못할지도 모르는 진전을 그들이 말해 줄 수 있다.

16

강박을 이해하라

불안에 대한 당신의 첫 반응은 그것을 차단하려는 것이지만,
차단하려는 시도는 회피의 새로운 악순환으로 변할 수 있다.
불안을 극복하는 법을 배우려면,
노출을 통해 불안의 진을 빼놓아야 한다.

1974년에 벌어진 무하마드 알리(Muhammad Ali)와 조지 포먼(George Foreman)의 유명한 권투 시합을 다시 보았다. 이 '정글 혈전'은 20세기에 텔레비전으로 중계된 최고의 스포츠 경기 중 하나로 손꼽힌다. 시합 전에 알리는 자신이 '얼간이 잡는 로프'(rope-a-dope)라는 신기술로 8회가 끝나기 전에 승리하겠다고 말했다.

권투에서 얼간이 잡는 로프란 상대에게 밀리는 척 로프에 기대고 얼굴을 가린 채 팔과 몸에 실속 없는 펀치를 계속 맞는 걸 말한다. 자신을 보호하면서 상대의 에너지가 소진될 때까지 요령껏 버티는 것이다. 그러다 상대의 진이 빠지면 그때 나가서

싸운다.

시합 전 인터뷰에서 한 스포츠 기자가 알리에게 물었다. "그러면 얼간이는 누구입니까?"

알리가 대답했다. "누구든 나를 로프로 몰아붙이는 사람입니다." 그리고 자신이 예고한 대로 8회에 포먼에게 KO승을 거두었다. 그 시합의 마지막 1분은 정말 볼만하다.

얼간이 잡는 로프는 권투의 기발한 전략일 뿐 아니라, 불안과 싸우는 우리에게도 도움이 되는 막강한 기술이다.

앞서 배웠듯이 불안은 뇌가 주관적 위협을 감지할 때 시작된다. 그래서 뇌가 몸에 신호를 보내면 몸은 심박수 증가, 아드레날린 분출, 과잉 경계 같은 자동 반응을 일으킨다. 불쑥 쳐들어오는 생각이나 원치 않는 감정도 그런 반응에 수반될 수 있다. 불확실성에 대한 불편한 마음, 바이러스에 노출되었다는 염려, 무언가를 잊어버렸다는 집요한 느낌, 질서가 잡혀야만 직성이 풀리는 심리, 원치 않는 성적 생각이나 욕망, 누군가를 해쳤거나 하나님을 노엽게 했다는 두려움, 그냥 무언가 옳지 않다는 전반적 느낌 등이 그런 감정과 생각에 해당한다.

이런 원치 않는 생각과 감정은 주목의 초점이 되어 우리를 사로잡는다. 우리는 그것을 떨쳐 낼 수 없어 괴롭다. 이 단계를 전문 용어로 **집착**(obsession)이라 한다. 집착이란 원치 않게 불쑥 쳐들어오는 생각, 심상 또는 충동으로서, 극도의 괴로운 감정을 유발한다.

여기까지 이해했는가? 그다음 단계까지 마저 살펴보자.

집착이 생기면 우리는 본능적으로 그것을 없애려는 반응을 보인다. 무슨 수를 써서라도 집착과 싸운다. 즉, 그것을 축소하고, 딴 데로 돌리며, 거부하고, 교묘히 따돌리려 한다. 무언가가 집착을 덜어 주거나 잠시라도 중단해 주면, 우리는 그것을 반복한다. 그 방법이 통하면 우리 뇌는 건강하지 못한 회피의 악순환을 생성해, 무엇이든 집착을 멈추거나 누그러뜨리는 데 도움이 되는 것을 반복하고 싶어 한다. 이렇게 우리에게 소위 **강박**(compulsion)이 생겨난다.

강박이란 원치 않는 괴로운 생각과 감정에 대응하기 위해 우리가 동원하는 의식(儀式)이다. 불안을 달래기 위해 의식으로 삼은 행동이다. 강박은 다른 모든 사람에게는 정상 활동처럼 보일 수 있으나, 본인에게는 꼭 필요한 의식으로 굳어졌다. 그것에 기대어 집착에 대항하려 하기 때문이다. 강박에는 손톱 물어뜯기, 반복 행위, 농담, 쇼핑, 청소, 운동 같은 단순한 것도 있지만, 흔히 강박장애로 통하는 것도 있다. 과도한 손 씻기, 불선을 세거나 순서대로 놓으려는 무리한 충동, 쟁여 두기, 전문 치료를 요하는 강박 행위 등이 이에 해당한다.

약간의 안도감을 주는 작고 순수한 선의의 행위도 강박이 될 수 있다. 그것이 우리가 원치 않는 생각과 감정에 대응하는 의식으로 굳어진다면 말이다. 강박으로 집착에 대항할 때, 우리가 미처 모르는 사실이 있다. 우리가 집착을 로프로 몰아붙이면서 계속 펀치를 날리고 있다는 것이다. 그러면 집착은 힘을 아끼지만, 우리는 제풀에 진이 빠진다. 얼간이 잡는 로프의 전형인데, 얼간이가 바로 우리다.

알리의 전략을 불안과 싸우는 우리에게 적용해 보자. 만성 염려와 불쑥 쳐들어오는 생각과 원치 않는 감정에 대항하기보다 우리 쪽에서 로프로 밀려나 그쪽을 진 빠지게 하면 어떨까? 그것은 어떤 모습으로 나타날까? 내 삶의 사례로 설명해 보겠다.

나의 가장 큰 집착 중 하나는 관계에 대한 것이다. 나는 남의 비위를 맞추려는 성향과 싸운다. 나에게는 내가 누군가의 심기를 건드렸다거나 사람들이 나를 좋아하지 않는다는 원치 않는 생각과 감정이 찾아올 때가 있으며, 내 모든 관계가 건강하도록 하는 게 전적으로 내 책임이라고 여긴다. 나는 어떻게든 관계를 좋게 해서 사람들의 호감을 사려는 데 집착한다.

나의 강박은 생각을 곱씹는 것이다. 아는 사람들에게 확인하고, 늘 확신을 구하며, 관계에 대해 과도히 고민하는 식이다. 내 관계와 남들의 평가에 집착하는 염려를 그렇게 물리치려 한다. 다시 말해, 나의 강박은 관계에 대한 불안을 '로프로 몰아붙이고' 펀치를 날리는 것이다. '로프에 기댄' 불안한 감정을 두들겨 패느라 잠을 이루지 못한 밤도 많다. 그런데 불안을 쓰러뜨리려다가 나만 진이 빠진다.

관계에 대한 불안을 쓰러뜨리려고 생각을 곱씹기보다 내 쪽에서 로프로 밀려나 그쪽을 진 빠지게 하면 어떨까? 그것과 싸우기보다 그냥 나를 계속 괴롭히게 두면 어떨까? 이 또한 '노출'(exposure)의 한 방식이다. 불안한 생각과 감정을 자신에게 허용하되 지금 배우고 있는 다른 기술들에 집중하는 것이다. 그러면 시간이 지나면서 불안한 감정이 점차 힘을 잃기 시작한다. 얼간이 잡는 로프의 전형인데, 이번에는 불안이 얼간이다.

알리가 그 시합에서 그렇게 했다. 그는 맞으면서도 시종 얼굴에 엷은 미소를 띠었다. 따로 계획이 있었기 때문이다. 그는 연타를 감수하면서도 자신의 전략에 집중했다. 당신이 이 전략대로 자신을 보호하면서 괴로운 감정의 힘을 빼놓으려 하면, 불안이 물밀듯 밀려올 수 있다. 그러나 이 물도 홍수처럼 빠지게 되어 있다.

불안은 당신의 머릿속에 들어와 있는 불량배다. 당신은 분명히 불안을 쓰러뜨릴 수 있다. 하지만 그러려면 먼저 불안의 힘을 빼놓아야 한다. 무하마드 알리를 로프로 몰아붙인 조지 포먼의 연타처럼, 불안이 당신에게 연타를 날리게 하라. 맞서 싸우기보다 자꾸 다가들게 두라. 불안을 느끼고 견디라. 제풀에 진이 빠지게 하라. 당황하지 말고 불안을 경험하라. "나는 잠시 이것을 견딜 수 있다. 지금은 로프로 밀려나 있지만, 내게도 계획이 있다"라고 자신에게 말하라.

그러는 동안 자신을 보호하라. 당신이 혼자가 아님을 상기하라. 심호흡을 하고 열을 세라. 자신에게 친절하게 말하라. 완벽 대신 진전을 찾아라. 불안을 멎게 하려고 항복해서는 안 된다. 불안한 생각과 감정을 10초 더 견딜 수 있는지 보라. 그것이 진전이다!

실천 방안

1. **집착을 하나 택하라.** 당신의 불안이 표현되는 방식을 하나 찾아내서 실험하라. 당신에게 불안을 야기하는 상황, 행동 또는 사람 중에서 우선 상대하기 쉬울 만한 것을 찾아보라. 자신의 두려움의 사다리와 감정 일지를 훑어보면 도움이 될 것이다.

2. **관련된 강박을 찾아내라.** 불안을 없애려고 동원하는 행동, 의식 또는 자동 반응이 있는가? 생각하거나 기도하

거나 음식을 먹거나 주의를 딴 데로 돌리는 등의 자연스럽거나 좋아 보이는 것일 수도 있다. 대중 매체, 전화기, SNS도 즐거움과 건강한 기분 전환이라는 순기능을 벗어나, 불안한 생각과 감정을 외면하려는 용도의 강박으로 둔갑할 수 있다. 평소에 사람들이 당신을 칭찬하는 부분도 강박이 될 수 있다. 내 경우는 유머다. 나는 불안해지면 농담을 던진다. 지금은 농담으로 불안을 회피하지 않는 법을 배우고 있다.

3. **그 강박을 행하지 마라.** 집착 수준의 불안이 다음번에 또 느껴질 때, 당신은 강박 행위로 불안을 달래고 싶은 충동이 들 것이다. 그럴 때 그 강박을 행하지 마라. 불안을 그냥 두라. 대신 (몸을 움직이거나 취미를 즐기거나 기도하는 등) 무언가 건강한 일을 찾아서 하라. 얼마 후에 결국 강박에 굴할 수도 있다. 그래도 괜찮다. 당신이 경험한 바를 기록하고 진전을 경축하라.

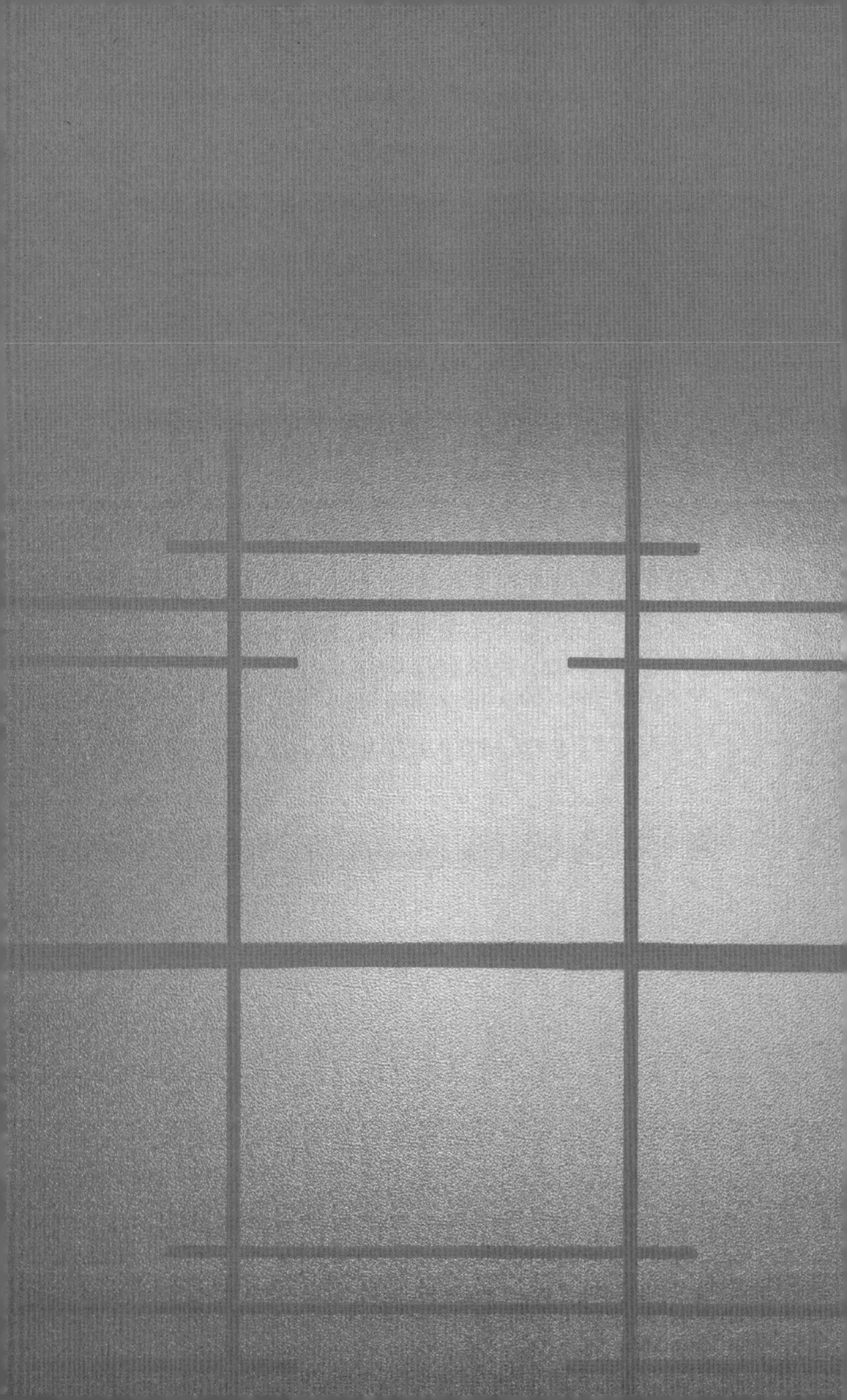

17

노출을 시작하라

당신은 불안한 상황을 피하는 습관이 있다.
그러나 자유를 얻으려면
자신이 두려워하는 것에
꾸준히 맞서는 수밖에 없다.

나는 천식이 심하다.

어렸을 때 입원해서 며칠간 산소 텐트 속에 있어야 했던 적도 있다. 기관지가 잘 열리도록 의료진의 지시대로 텐트 안에 산소와 수증기가 주입되었다. 퇴원할 때 그들은 나의 부모에게 수증기가 도움이 될 거라고 말했고, 그래서 아빠는 샤워실 위에 비닐 텐트를 치고 내게 아주 뜨거운 물로 샤워해서 김이 많이 나오게 하라고 했다.

뜨거운 물이 어린 나로서는 고역이었다. 그래서 뜨거운 물에서 최대한 멀리 떨어져 서 있었는데, 시간이 지나면서 그 거리가 점점 좁혀졌다. 결국 천식이 호전되어 수증기가 더는 필요

없어졌지만, 어느새 나는 뜨거운 물로 샤워하는 데 익숙해졌다. 지금도 그렇게 샤워하는 걸 아주 좋아한다. 일전에는 샤워 중에 찬물을 줄이려다 아예 튼 적이 없었다는 걸 깨달았다! 나는 한때 참을 수 없이 뜨겁게 느껴지던 물을 견디는 법을 배웠고, 그렇게 견딜수록 부정적 영향도 덜해졌다. 뜨거운 물에 '둔감해진' 것이다.

그 샤워에서 배운 교훈을 염려와 스트레스 대응에도 똑같이 적용할 수 있다. 염려와 불안과 스트레스를 유발하는 상황은 때로 살을 델 정도로 뜨겁게 느껴질 수 있다. 그래서 우리는 물 밖으로 나오거나 온도를 바꾸고 싶어 한다. 직관에 어긋나 보이겠지만, 염려와 불안과 스트레스에 대응하는 더 좋은 방법은, 그것을 견디는 법을 배우면서 장기적으로 자신을 재교육해 다르게 반응하는 것이다.

이 모두를 우리의 네 가지 원리로 종합해 보자. 우리는 불안이 자연스러운 것이로되 다만 건강하지 못하게 변한 상태임을 계속 받아들인다(정상화). 두려움을 피하기보다 점차 더 잘 이해하고 부딪친다(노출). 배우고 있는 새로운 기술들을 활용해 두려움에 둔감해진다(습관화). 그 과정에서 건강한 방식을 찾아 내 자신과 타인을 향한 하나님의 사랑을 경험한다(관리).

샤워라는 예는 습관화를 통한 둔감화를 잘 보여 준다. 습관화란 자주 반복되는 자극에 대한 생리적 또는 정서적 반응을 줄이는 것이다. 불안의 원인(내 경우, 뜨거운 물)에 계속 자신을 노출하면 자극에 둔감해지고, 시간이 지나면서 불안이 줄어든다. 중요하게 명심해야 할 점은 여기서 생물학적 요소의 역할이 크다는 것이다.

당신도 이미 해 본 일이다. 수영, 발표, 동물 등 이전에 당신이 두려워했으나 더는 무섭지 않은 대상을 생각해 보라. 당신은 어떻게 했던가? 염려를 받아들이고, 두려움에 부딪치며, 감정에 대응하고, 사람들의 지원을 받았다. 그렇게 노출이 반복되는 사이에 불안이 감소했다. 그러다 아예 서핑하는 사람, 대중 강사, 동물 애호가가 된 사람도 있다!

불안의 원인을 피하는 게 우리의 타고난 성향이지만, 앞서 배웠듯이 불안은 피할수록 더 커진다. 이것이 직관에 어긋나 보이는 이유는 두려운 것일수록 멀리하는 게 우리의 본능이기 때문이다. 하지만 만성 염려와 불쑥 쳐들어오는 생각과 원치 않는 감정으로 고생하는 사람들의 경우, 두려움은 허상이다. 우리 뇌는 두려워해서는 안 될 것을 두려워하도록 학습했다.

몇 년 전에 나는 내 멘토에게 전화로 이렇게 말했다. "직장의 한 친구와 껄끄러운 대화를 나눌 일이 있습니다."

"그 사람과의 사이에 대화가 필요한 지 얼마나 되었습니까?" 그가 물었다.

"한 달쯤 되었습니다. 그녀의 감정을 상하게 하고 싶지 않아 내가 대화를 약간 피해 왔거든요."

그는 잠시 뜸을 들이다 말했다. "당신이 보호하고 있는 것은 그녀의 감정이 아니라 자신의 감정입니다. 오늘 그 사람도 직장에 나와 있습니까?"

"예."

"당신의 의견을 그녀에게 나누어야 합니다. 상처를 주고 싶지 않다는 말부터 한 뒤, 간단하고 솔직하게 말하면 됩니다. 지금 전화를 끊고 가서 그녀와 대화한 뒤 나한테 다시 전화하세요."

딸깍.

전화를 끊는 소리에 침이 절로 넘어갔다.

사무실을 서성거리다가 나는 그냥 그의 말대로 하기로 마음먹었다. 그 대화는 내게 아주 불편했다. 그러나 막상 해 보니 예상했던 것보다 내 생각을 잘 표현할 수 있었다. 연민을 품고 솔직하게 말할 수 있었다. 친구는 내 말을 듣고 고마워하며 몇 가지 유익한 질문을 던졌다. 이것은 노출의 한 예다.

일부 독자는 지금 기겁할 것이다. 그 감정을 **예기 불안**(anticipatory anxiety)이라 한다.

그러나 두려움에 부딪칠수록 노출도 더 쉬워진다. 무서울 수 있지만 효과는 좋다! 나는 **홍수**(flooding)라는 것이 가장 무섭다. 홍수란 격한 불안감을 감수하는 것이다. 내 경우, 그 순간에 "지금 나는 홍수를 느끼고 있다. 이 감정과 더불어 살 수 있다"라고 인정하는 것만으로도 도움이 된다.

두려움에 대한 노출을 상상하기만 해도—또한 그로 인한 불안을 느끼기만 해도—습관화의 위력이 극대화된다. 이것을 **인지 홍수**(cognitive flooding)라고 한다. 예컨대, 내 가까운 친구 하나는 고위직 사람들과 대화하는 것을 몹시 불안해한다. 과거에 고용주들과의 사이에서 아주 부정적인 경험을 몇 번 했기 때문이다. 때로 나는 그에게 높은 사람과의 대화를 상상하면서 그때 어떤 감정이 드는지를 내게 말해 달라고 한다. 가상의 상황을 벗어나지 않으면서, 그가 감정을 감당할 수 있는 동안에 한해서다(그러다 대개 약간 더 오래 끈다). 이를 통해 그는 감정의 '뜨거운 물'에 익숙해진다.

노출은 습관화로 이어진다. 그렇다!

습관화는 당신이 가장 두려워하는 결과가 발생하지 않을 거라는 자각으로 이어진다. 아니다!

이 모두의 목표는 두려움을 없애는 것이 아니다. 최악의 두려움이 실현되지 않으리라는 것을 자각할 **수도 있지만**, 설령 실현된다 해도 이제 당신은 그것이 세상의 끝이 아님을 알게 된다. 주목표는 불확실성을 더 받아들이고 불안한 생각과 감정에 덜 예민해지는 것이다.

두려움에 꾸준히 부딪치지 않으면 영적 성장이 막힌다. 1년 전쯤에 나는 5주 동안 일을 쉬었다. 엄청난 선물이었고 내 몸과 마음과 정신에 유익했다. 그 기간이 끝날 무렵, 내 상담사를 보러 갔다. 그가 내 불안 상태가 어떠냐고 묻기에 나는 이렇게 말했다. "아주 좋습니다! 공황 발작도 없고 불안한 순간도 없어요. 내 불안이 사라진 건가요?"

그는 신중하게 듣고 나서 말했다. "아니지요. 방아쇠가 없을 뿐입니다. 노출이 없으니 성장도 없습니다. 그동안 잘 쉬셨다니 다행입니다. 이제 마음을 준비하고 평소의 삶으로 돌아갑시다."

평온한 안식의 시기도 좋다. 그러나 우리는 현실 세계에서 살아가는 데 우리에게 도움이 되고 더 건강하게 성장할 수 있는 실제 기술을 배우고 있다. 여기에는 무서운 것들에 부딪쳐 보는 것도 포함된다.

실천 방안

1. **두려움에 자신을 노출하라.** 두려움의 사다리에서 당신이 부딪칠 두려움을 하나 더 고르라. 이전에 부딪칠까 생각하다가 그만두기로 했던 두려움일 수 있고, 부딪쳤는데 짧은 기간밖에 견디지 못했던 두려움일 수 있다. 이번에는 불안한 감정을 좀 더 오래 견뎌 보라. 이미 배운 영적 연습 중 일부를 활용해 보라. 시편 139편을 감사한 마음으로 묵상할 수도 있고, 영적 독서도 좋다. 다음 장에서 유익한 접지 연습을 몇 가지 살펴볼 것이다.

2. **호전되기 전에 악화할 것을 예상하라.** 습관화는 사람을 지치게 하는 힘든 일이며, 노출도 마찬가지다. 이 마음 돌봄 안내서를 절반쯤 마친 지금, 당신은 이미 피곤할 수 있다. 그게 정상이다. 7장으로 돌아가 자신의 전부를 돌보아야 한다는 내용을 복습하라. 반드시 더 잘 먹고 잘 쉬라. 영적으로 힘이 될 만한 영역을 찾으라. 앞으로 그런 영역에 더 집중해야 할지도 모른다.

3. **과거의 습관화를 경축하라.** 전에는 무서웠는데 더는 그렇지 않은 것을 떠올려 보라(어둠이나 롤러코스터에 대한 두려움 등). 왜 더는 무섭지 않은가? 당신이 두려움에

서서히 그리고 점점 더 부딪치면서 뇌를 재교육했기 때문이다. 과거에 당신은 이미 노출을 실행하고 습관화의 유익을 누렸다. 계속 그렇게 하면 된다!

접지할 길을 찾으라

불안한 순간을 만나더라도
당신은 세상을 경험하는 방식을 바꿀 수 있다.
건강한 습관에 힘입어
방향을 틀어 전진하면 된다.

내 일생에 가장 평범한 상담 시간 중 하나였다.

"당신을 몹시 불안하게 하는 상황을 떠올려 보세요." 내 상담사가 말했다.

"알겠습니다." 내가 말했다.

"무엇이 떠올랐나요?"

"직장 일을 충분히 미리 해 놓지 못할 때입니다."

"좋습니다. 내가 신호를 드리면, 마감일이 다가오는 당신의 모습을 상상해 보세요. 구체적인 실제 상황을 생각해야 합니다. 온갖 불안한 감정이 홍수처럼 밀려오게 하세요. 불안한 감정을 경험함과 동시에, 지금부터 내가 하라는 대로 다른 일도 해야 합니다. 이 연습을 다섯 번 할 겁니다. 준비되셨나요?"

"예, 불안합니다. 준비됐다는 뜻이겠지요." 나는 익살을 떨었다.

그는 내게 박하사탕을 하나 건네며 말했다. "마감일 때문에 불안한 감정이 밀려올 때, 이것을 입안에 넣고 30초 동안 그 맛에 집중하세요." 내가 그대로 하자, 30초 후에 그가 물었다. "맛이 어떻던가요?"

"계피 맛이군요."

"맛에 집중한 지 얼마 만에 불안한 감정이 되살아났나요?"

"몇 초에 불과했습니다."

"이번에는 마감일에 대한 불안한 감정이 다시 밀려오게 한 뒤, 30초 동안 실내를 둘러보며 최대한 많은 것에 주목하세요. 시작합니다." 30초 후에 그가 물었다. "사무실을 둘러보니 무엇이 보이던가요?"

"별로 보지 못했습니다. 마감일에 대한 생각이 떠나지 않았거든요."

"다시 마감 날짜에 대한 불안한 감정에 젖어든 뒤, 이번에는 30초 동안 당신 바지의 천을 만져 보세요." 30초 후에 그가 어땠느냐고 물었다.

"천이 거칠군요. 미세하게 줄이 나 있고요. 이 바지의 질감이 그런 줄 몰랐기 때문에 놀랐습니다. 게다가 줄마다 조금씩 오톨도톨하네요. 손가락으로 문지르다 보니 차선을 벗어나지 못하게 하려는 도로면의 요철이 생각났습니다."

"얼마 동안이나 그러다가 마감일에 대한 감정이 되살아났나요?"

나는 잠시 생각한 뒤 말했다. "이제야 막 되살아났습니다."

마지막 두 가지 연습은 실내 소리를 듣는 것과 촛불 냄새를 맡는 것이었다. 소리 듣기에 대한 내 반응은 바지를 만질 때와 같아서 30초로 모자랐다! 그러나 촛불 냄새를 맡자마자 금세 내 불안한 생각과 감정이 되살아났다.

마침내 그가 말했다. "노먼 파브(Norman Farb)라는 사람의 연구 결과를 소개하려 합니다. 뇌는 두 가지 방식으로 정보를 처리합니다. 하나는 **이야기 중심 네트워크**(narrative focus network)라는 것을 통해서인데, 계획을 짜고 전략을 세우고 생각을 곱씹는 것은 다 이야기 중심 네트워크의 활동이지요. 당신의 뇌가 정보를 처리하는 또 다른 방식은 **경험 중심 네트워크**(experiential focus network)라는 것을 통해서입니다. 이것은 현 순간에 머물 때의 처리 방식입니다. 그래서 오감의 경험은 경험 중심 네트워크를 통해 이루어집니다."

그는 계속해서 말했다. "여기서 중요하게 알아야 할 것은 이것입니다. 이야기 중심 네트워크와 경험 중심 네트워크는 동시에 작동할 수 없습니다. 당신이 불안한 생각과 감정에 사로잡힐 때, '염려가 무한 반복되는 것'은 바로 이야기 중심 네트워크가 과열된 탓이지요. 그 쳇바퀴에서 헤어날 길을 찾아 건강한 방식으로 현재 순간에 더 머물기 위해서는, 경험 중심 네트워크를 작동시켜야 합니다."

와!

인간 뇌의 기본값은 이야기 중심 네트워크다. 이것은 놀라운 기능이다. 우리는 정보를 받아들여 처리한 뒤, 계획·추론·예측·분석을 거쳐 모든 것을 종합할 이야기를 엮어 낸다. 불안으로 고생하는 사람들은 또한 바로 이 부분에서 감정과 사실을 혼동하고, 자신의 편향을 확증하며, 자책하고, 침소봉대한다.

경험 중심 네트워크 덕분에 우리는 세상을 실시간으로 만날 수 있다. 멈추어 꽃향기를 맡고, 칭찬을 받아들이며, 허파의 호흡을 음미할 수 있다. 아파하는 사람 곁에 있어 줄 때도 굳이 상대를 바로잡아 주거나 그의 고통을 내 탓으로 돌리려는 욕구에 사로잡히지 않을 수 있다. 이런 식으로 우리는 하나님의 자애로운 임재를 현 순간 속에서 경험하도록 설계되었다.

내 치료사의 단순한 연습이 내게 깨우쳐 준 사실이 있다. 불안이 걷잡을 수 없이 밀려올 때, 촉각과 청각을 적극 활용하면 뇌에 극적인 전환이 이루어져 '염려가 무한 반복되는 것'에서 벗어날 수 있다는 것이다.

불안 치료에서는 이를 **접지**(grounding)라 칭한다. 접지란 잠시 방향을 바꾸어 더 건강하게 사고하도록 우리 뇌를 돕는 방법이다. 덕분에 우리는 지금 배우고 있는 다른 모든 기술과 요령을 더 의지적으로 실행할 수 있다.

하나님은 우리를 몸과 마음과 영혼으로 지으셨다. 불안할 때, 우리는 하나님이 주신 오감을 활용해 우리가 아버지의 세상에서 안전하고 무사함을 생리적·영적으로 상기할 수 있다. 이것은 우리를 은혜 쪽으로 부르고, 다른 사람과의 관계로 초대한다. 불안한 생각과 감정에서 비켜나 안식하게 해 준다.

여기서 잠깐 접지의 목표에 대해 중요하게 짚어 둘 것이 있다. 접지의 취지는 일종의 회피가 아니다. 불안 치료 초기에 나는 공예라는 취미를 통해 내가 염려의 무한 반복에서 벗어나 웬만큼 평안을 찾을 수 있음을 발견했다. 그런데 어느 날 문득 보니 내가 공예에 연속 여덟 시간이나 매달려 있었다! 알고 보니 불안을 외면하려고 다른 건강한 활동으로 도피한 것이었다.

접지 연습의 목적은 불안을 상대하지 않아도 될 도피처를 마련해 주는 게 아니다. 목적은 정상화·노출·습관화·관리를 실행할 수 있도록 당신의 초점을 바꾸어 주는 것이다. 접지 덕분에 우리는 두려움에서 도망치는 게 아니라 땅을 든든히 딛고 서서 두려움에 부딪칠 수 있다.

실천 방안

1. 오감 중 무엇이 당신을 접지해 주는지 알아내라. 접지 연습을 혼자서 해 보라. 누군가의 도움을 받는 쪽이 더 쉽겠거든 도움을 청하라. 당신을 불안하게 하는 어떤 요인을 생각하라. 그것을 상상해서 불안한 생각과 감정이 밀려오게 하라(즉, 인지 홍수). 오감 중 하나로 시작해 감각별로 반복하라. 불안이 밀려올 때, 당신의 접지에 가장 도움이 되는 감각을 찾아내라.

2. '이동성 접지'를 구상하라. 언제 불안해질지를 우리가 통제할 수 없으므로 접지 활동은 어디를 가든지 필요하다. 어디서나 활용할 수 있는 단순한 접지 기술을 구상하라. 예컨대, 불안한 순간에 미각이 사고의 방향 전환에 도움이 된다면, 박하사탕을 가지고 다녀라. 촉각의 경우는 손가락 맞비비기를 해 볼 수 있다. 접지란 우리에게 다른 기술들을 활용할 수 있게 해 주는 단순한 요령임을 잊지 마라. 접지를 도피책으로 쓰면 강박이나 꼼수로 변할 수 있다.

3. **당신을 접지해 줄 취미를 찾아내라.** 하나님이 당신에게 주신 재능과 소질은, 불안이 닥쳐올 때 접지 상태를 유지하는 데 도움이 된다. 당신이 예술적이라면 창의력을 발휘하라. 컬러링북을 직접 그리거나 활용하고, 음악을 창작하거나 감상하며, 글을 쓰고, 춤추며, 연극하고, 공예품을 만들라. 당신이 운동을 좋아한다면 달리기, 역도, 걷기, 요가, 무술 등에 적극 나서라. 당신이 촉각형 인간이라면 자연을 벗삼아 정원 가꾸기, 요리, 사진 찍기, 도보 여행, 목공예를 해 보라. 하나님이 주신 오감을 지속적으로 가꿀 방법을 개발하라. 그러면 불안을 다스리는 데 도움이 될 것이다. 아울러 아이들에게 어려서부터 건강한 습관과 취미를 찾게 해 주면, 나이가 들면서 불안에 더 잘 대처하도록 도울 수 있다.

19

과감히 약한 모습을 보이라

여태 당신은 자신을 보호하고
숨고 방어하는 법을 배웠다.
이제부터는 자신의 고충을 인정하고
다른 사람들과 나누기 시작할 수 있다.

몇 년 전에 나는 운전 중에 고양이를 치었다. 일부러는 아니었다. 밤늦게 차를 몰아 집에 가고 있는데 쿵 소리가 났다. 차를 길가에 세우고 무슨 일인가 보았더니 검은색과 회색이 섞인 고양이가 미동도 없이 도로에 쓰러져 있었다. 못내 죄책감이 들었다. 다른 차에 또 치여서는 안 되겠기에 도로 한가운데서 들어내기로 했다. 그런데 내가 다가가자 고양이가 움직이기 시작했다. 고양이는 벌떡 일어서려는데 뒷다리가 말을 듣지 않았다. 살아 있어서 참 다행이었지만 그래도 다쳤으니 마냥 안타까웠다. 도와주려고 바짝 갔더니 고양이가 나를 보며 하악 소리를 내며 경계했다! 나는 무서워 성큼 물러나면서 "너를 도와주려는 거야!"라고 외쳤고, 고양이는 계속 하악 소리를 내면서 몸을 질질 끌어 멀어져 갔다.

하나님의 모든 피조물은 약할 때 자신을 보호하도록 설계되어 있다. 그 고양이가 한 일도 바로 그것이다.

이는 더 큰 피해를 모면하려는 생존 기술이다. 약하고 불안하고 외롭고 무서워 무방비 상태로 느껴질 때, 우리 본능은 공격하거나 도망가거나 죽은 척하는 것이다. 그런데 자신을 보호하는 반응은 본능일 뿐 아니라 학습되기도 한다. 자신의 생각과 감정을 표현할 줄 알기도 전부터, 우리는 안전하지 못하다고 느껴질 때 자신을 보호하기로 결정하는 법을 학습한다.

우리 딸 엘리아(Elia)가 태어난 뒤, 아내 마리는 한동안 심한 산후 우울증으로 고생했다. 첫 두 해 동안 딸의 삶에는 엄마가 정서적으로 부재했고, 때로는 몸으로도 부재했다. 세 살 무렵부터 엘리아는 사람들과 가까워지는 것을 힘들어했다. 감정이 마구 폭발하는가 하면, 누가 자기를 안거나 포옹하는 것도 싫어했다. 사람들이 다가오려 하면 발버둥치며 물러났다.

우리 가정은 전문가의 도움을 받았고, 지금은 모녀가 정서적·관계적으로 아주 좋아졌다. 엘리아는 그 힘들었던 유아기를 기억하지 못하지만, 마리와 나는 그때를 '야생으로 돌아간 시절'이라 칭한다. **야생으로 돌아갔다**(feral)는 표현은 가축인데 혼자 생존하는 법을 터득한 동물을 가리킬 때 사용한다. 돌봄, 양육, 훈련, 사랑을 받지 못하는 동물은 철저히 자신을 보호하려 한다.

우리도 마찬가지다.

철저히 자신을 보호하는 것의 반대는 과감히 약한 모습을 보이는 것이다. 약하고 불안하고 외롭고 무서워 무방비 상태로 느껴질 때, 우리는 공격하거나 도망가거나 죽은 척하기보다 도움을 청할 수 있다. 자신의 생각과 감정을 인식하고, 그것을 표현하는 법을 배우며, 필요한 것을 요청할 수 있다. 요청한 대로 얻지 못해도 정서적 복원력을 길러 삶을 감당할 수 있다. 이것이 바로 약하면서도 용감하다는 의미다.

용기란 두려움이 없는 상태가 아니라 두려움을 뚫고 나가는 것이다. 우리의 생존 본능은 "필요한 것을 요청하지 말고 네게 있는 것을 보호하라"라고 말하지만, 용기는 "무섭겠지만 솔직하고 담대하게 네게 필요한 것을 찾아 나서라"라고 말한다.

우리 중 일부가 과감히 약한 모습을 보이지 못하는 이유는 과거에 도움을 청했다가 받지 못했기 때문이다. 불안은 우리를 야생 상태로 묶어 두는데, 그렇게 되면 다음과 같은 모습이 나타날 수 있다.

불안할 때, 우리는 도와주려는 사람에게 으르렁거린다. 우리는 약해지면 상처를 입는다고 배웠을 수 있다. 그래서 자신을 과잉보호한다. 과감히 약한 모습을 보인다는 말은 도움을 청한다는 뜻이다. 도움이 될 만한 적절한 관계를 찾는 데 시간이 걸릴 수 있으나, 매번 시도할 가치가 있다. 우리는 "다시 해 보겠다"라고 말할 수 있다.

불안할 때, 우리는 무서운 것을 피한다. 우리는 고립함으로써 자신을 보호한다고 생각한다. 하지만 우리는 자신의 두려움을 다른 사람들에게 나누어야 한다. 직면해야 할 불확실성이야말로 모든 인간의 공통분모다. 과감히 약한 모습을 보인다는 말은, 사람들에게 불확실성 때문에 힘들다고 털어놓는다는 뜻이다. 우리는 "나 같은 사람들이 또 있다"라고 말할 수 있다.

불안할 때, 우리는 수치심을 느낀다. 우리는 염려, 두려움, 불쑥 쳐들어오는 생각이나 감정을 창피해한다. 그러나 두려움을 고치거나 그대로 끌려다니는 대신, 우리는 믿을 만한 사람들에게 마음을 열어 우리 염려에 대한 수치심을 떨쳐 낼 수 있다. 과감히 약한 모습을 보이면 자신의 불안을 더 잘 표현할 수 있다. 우리는 "지금 내가 약간 예민해져 있다"라고 말할 수 있다.

6장에서 나는 예수가 십자가에 달리시기 전날 밤에 기도하신 일을 언급했다. 그분은 자신이 잡혀 죽으실 것을 알고 한적한 곳으로 가시면서 가장 가까운 친구들에게 함께 가 달라고 요청하셨다. 고뇌하며 기도하신 그분은 잠들어 있는 친구들을 보시고 "너희가 나와 함께 한 시간도 이렇게 깨어 있을 수 없더냐"(마 26:40)라고 말씀하셨다. 그들에게 실망하셨고 이를 표현하신 것이다. 예수가 가장 약하실 때 다른 사람들에게 도움을 청하셨다면, 우리도 그럴 수 있다!

약한 모습을 보이면 상처받거나 실망할 가능성에 노출될 수밖에 없다. 그래서 일부러 우리를 해칠 게 분명한 사람에게는 약점을 털어놓아서는 안 된다. 우리 중 일부는 신체적·성적·정서적·언어적·영적 학대를 잠자코 당하는 게 몸에 뱄다. 이것은 약한 모습을 보이는 용기가 아니라 **학습된 무력감**(learned helplessness)이며, 도움을 받으면 탈학습이 가능하다.

과감히 약한 모습을 보이려면 자신을 보호하던 틀에서 벗어나 우리를 사랑하는 이들에게 마음을 더 여는 법을 배워야 한다. 그렇다고 앞으로 관계에 문제가 완전히 없어지는 것은 아니다. 과감히 약한 모습을 보이려면 건강하지 못한 두려움을 뚫고 나가야 한다. 그런 두려움이 사람들이 우리를 알거나 사랑하는 것을 막기 때문이다.

우리 교인들에게 내 불안을 처음 나눈 때는 일요일 예배 중이었다. 수백 명이 모인 자리였다. 내 이야기를 나누는 것도 노출의 일부임을 알았지만, 나는 내 말을 이해하지 못할 사람들도 있을 거라고 혼잣말했다. 그들은 나를 고치려 들거나 심지어 비판할 터였다(실제로 일부는 그랬다). 그러나 나는 또한 과감히 약한 모습을 보이는 내게 고마워할 사람들도 많을 거라고 혼잣말했다. 그중 더러는 내 용감한 고백 덕분에 자신이 혼자라는 느낌이 덜해질 터였다. 정확히 그대로 되었다.

실천 방안

1. **당신이 배우는 내용을 새로운 사람에게 나누라.** 지금쯤이면 당신에게 믿을 만한 가까운 길동무가 한둘쯤 있기를 바란다. 그들은 쭉 당신의 여정을 들어주었고, 아마 일부 실천 방안에도 도움을 주고 있을 수 있다. 이제 새로운 사람에게 다가가 당신의 경험을 나누라. 어쩌면 가볍게 이 주제를 꺼내면서 당신이 이 책을 읽고 있음을 언급해 보라. 당신의 인생 이야기를 말할 필요는 없다. 부디 그러지 마라. 그냥 당신의 불안을 조금 나누라. 그러면 수치심을 계속해서 덜어 내는 데 도움이 될 것이다. 한두 명의 가까운 길동무를 아직 찾지 못했다면, 이것이 좋은 출발의 계기가 될 수 있다. 어떤 사람들에게는 지원 그룹이 수치심을 덜기에 안전한 실험의 장으로 느껴진다. 당신의 지역에서 지원 그룹을 찾아보라.

2. **소통할 때 '나' 전달법을 더 활용하라.** '너' 대신 '나'라는 표현을 써서 자신의 생각과 감정을 인정하라. 특히 상처와 실망을 표현할 때 그렇게 하라. 예컨대, "네가 나한테 상처를 주었다"라고 말하기보다 "나는 상처받았다"라고 말하라. "네가 나를 거부했다"라고 말하기보다 "나는 외롭다"라고 말하라. 그러면 자신의 감정을 자신이 책임지는 데 도움이 된다. 감정을 더 잘 소통하기 위해 '감정 어휘'를 늘리는 것도 좋다. 예컨대, "슬프다"라고 말하기보다 우울하다, 죄스럽다, 지루하다, 피곤하다, 수치스럽다, 외롭다 등과 같이 더 구체적으로 표현해 보라. 이번 장 끝에 소개한 감정의 수레바퀴가 도움이 될 것이다.

3. **과감히 약한 모습을 보이는 부분에서 계속 하나님의 도움을 구하라.** 사도 바울은 자신의 젊은 제자 디모데에게 이렇게 썼다. "하나님이 우리에게 주신 것은 두려워하는 마음이 아니요 오직 능력과 사랑과 절제하는 마음이니"(딤후 1:7). 오랜 세월 우리는 두려워하는 소심한 마음을 배웠으나 하나님은 우리가 새로운 영적 훈련을 개발해 그분의 능력과 사랑 안에서 살 수 있도록 도우신다. 당신이 이루어 온 진전으로 인해 하나님께 감사하고, 계속 그분의 사랑과 능력에 의지하라.

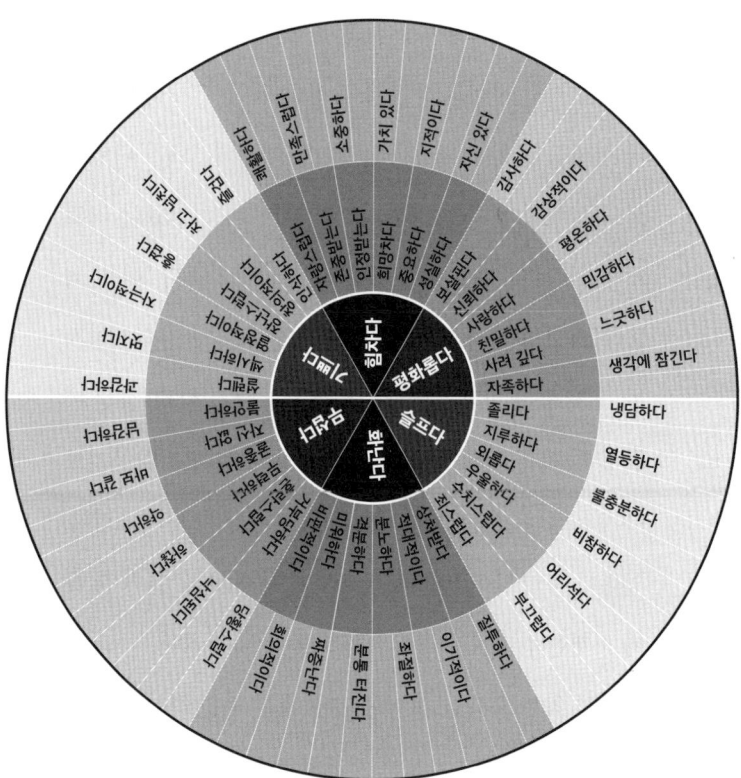

그림 19.1 감정의 수레바퀴(Gloria Wilcox, *Feelings: Converting Negatives to Positives*, Augusta: Morris Publishing, 2001)

20

노출 피로에 대비하라

불안에 대응하는 방식을 바꾸노라면
힘이 빠진다.
원치 않는 생각과 감정으로 오래 씨름한 뒤에는
계획적으로 자신을 돌보라.

그 밤도 나는 염려하느라 잠을 이루지 못했다. 생각을 차단하려 하고, 주의를 딴 데로 돌리며, 몇 가지 마음 챙김 기법을 실행하고, 기도하며, 책의 똑같은 단락을 반복해서 읽고, 집 안을 몇 시간씩 왔다갔다했다. 그렇게 불안한 생각과 감정을 떨치지 못한 채로 해돋이를 보았다. 패배감이 들었다.

다음 상담 시간에 상담사에게 그 일을 말했다. "백약이 무효했습니다. 불안을 없애려고 내가 아는 건 다 해 보았지만 그대로였어요. 그다음 날은 엉망이었습니다."

"그다음 날 무엇을 했는데요?" 상담사가 물었다.

"출근했지요. 하지만 기진맥진해서 아무 일도 해내지 못했습니다. 또 패배감이 들더군요."

"병가를 낼 수 없었나요?"

"낼 수도 있겠지만 아픈 게 아니잖아요. 내가 밤을 꼴딱 새웠으니 내 잘못이지요."

그는 잠시 뜸을 들이다 부드럽게 말했다. "당신은 불안합니다. 그것은 병과도 같아요. 그러니 회복되는 동안 그 점을 감안하면 좋을 겁니다."

우리 중 일부에게 불안은 밤중에 맹위를 떨치는 병과도 같다.

"불이 꺼지면 불안이 켜진다"라고 말한 사람도 있다. 밤의 적막은 우리를 과한 고민으로 이끌고, 그렇게 몸이 잔뜩 긴장되어 있으니 잠들기란 요원하다. 그래서 불면증은 불안의 흔한 부작용이다. 심야에 벌어지는 불안 싸움의 몇 가지 고유한 특징은 다음과 같다.

외로움. 밤은 낮보다 더 외롭게 느껴진다. 일일 주기의 생체리듬이 우리에게 지금은 자야 할 시간이라고 말하기 때문일 수 있다. 적막은 귀를 먹먹하게 할 정도다.

텔레비전(또는 컴퓨터)을 켜거나 음악을 들어도 밤만의 특이한 소음이 있다.

다른 사람과 함께 살 경우, 우리는 그들의 평화로운 안식을 보고 들을 수 있다. 그들은 전 세계의 허다한 무리와 더불어 숙면을 누린다. 그럴수록 우리는 더 외로워지고 질투심마저 든다.

분노. 잠을 이루지 못하면 묘하게 자신에게 화가 난다. 수면은 우리 힘으로 어찌할 수 없는 신체 반응 중 하나다. 그냥 잠이 와야 하는 은혜의 행위다. 내 생각에 그래서 불면증은 분노로 이어지기 쉽다. 우리 힘으로 통제할 수 없음을 환기시켜 주기 때문이다. 잠들려고 애쓸수록 반격도 세진다. 불안을 중단하려는 것과 약간 비슷하다! 결국 우리는 (잠이 든다면) 자신에게 화난 상태로 잠든다.

예기 불안. 밤새 깨어 있을 때면 우리는 잠들 방도만 염려하는 게 아니라, 수면 부족이 그다음 날에 미칠 영향도 염려한다. 자신이 맡은 일이 있는데 아침부터 기운이 없거나 정신이 몽롱할 게 뻔하다. 그래서 더 불안해진다. 우리 머릿속에는 자책의 메시지가 담긴 특별한 파일이 있어 밤중에 자동으로 펼쳐진다. 그래서 불면증에 시달릴 때 최악의 혼잣말이 터져 나온다.

여기 기쁜 소식이 있다. 불안과의 밤샘 싸움과 그다음 날들을 우리가 대비할 수 있다는 것이다.

'불안 철야'는 습관화를 실행할 기회다. 억지로 잠들려 하거나, 강박 행위로 빠지거나, 건강하지 못한 행동으로 자신을 달랠 게 아니라, 이 기회를 살려 당신이 배우고 있는 새로운 기술을 적용하라.

정신적·정서적·신체적으로 필시 녹초가 되겠지만, 그래도 새로운 기술과 실천을 계속 적용하면 그런 철야 횟수가 점점 줄어들 것이다. 다시 밤을 새우게 되거든 그다음 벌어질 일에 대비하라. 바로 노출 피로다.

과거에 우리는 염려가 도지면 강박 행위로 빠지거나 뭐라도 해서 스스로를 무감각하게 만들려고 했다. 그런데 이제는 뇌와 몸을 새로운 것에 노출한다. 즉, 싸우거나 달아나거나 속수무책 얼어붙지 않고, 불안한 생각과 감정을 견디려 한다. 그러다 보면 녹초가 될 수 있다.

운동을 잘하고 나서 기진맥진한 적이 있는가? 운동이란 심신을 안전지대 밖으로 밀어붙이는 행위다. 이튿날 피곤하고 욱신거릴 수 있으나 그렇다고 "다시는 운동하지 말아야지"라고 말하지는 않는다. 오히려 자신을 돌보아 회복한 뒤 다시 운동한다. 노출과 습관화도 운동과 비슷하다. 단순한 전략적 연습을 계속하는데, 처음에는 기진맥진할 수 있다.

그렇다면 그다음 날은 어찌할 것인가?

불안 철야 직후의 몸 상태가 최상일 리는 없다. 침울하고 찌뿌둥할 것이다. 불안을 단칼에 '해결하지' 못하는 자신에 대해 아마 죄책감도 들 것이다. 이럴 때는 전날 밤에 몸이 아팠거나 운동을 거하게 했다고 생각해 보라. 그런 날은 어떻게 해야 할까?

어떤 때는 조정할 수 있는 게 하나도 없다. 숙제는 내야 하고, 인터뷰는 예정대로 진행되며, 매매도 마무리되어야 한다. 그냥 최선을 다하는 수밖에 없다. 자신의 생산성과 사회성이 떨어질 것을 받아들여야 할 수 있고, 자신에 대한 기대치도 낮추어야 한다.

당신의 상태를 사람들에게 알릴 수도 있다. 내 경우는 이럴 때 가장 가까운 사람들에게 "지난밤 불안 때문에 고생했는데 너그러이 대해 주셔서 감사합니다"라고 말한다. 덜 가까운 이들에게는 "오늘 몸이 좀 편치 않은데 다행히 옮는 병은 아닙니다. 오늘은 최고의 성과를 내기는 어렵겠네요. 이해해 주셔서 감사합니다"라고 말한다.

가능하다면 병가를 내도 좋다. 일을 하루 쉴 수도 있고, 출근을 늦추거나 조퇴하거나 약속을 다른 날로 옮기는 등 그냥 일정을 조정해도 좋다. 불안을 회피하려는 게 아니라 오히려 이로써 불안을 다스릴 여건을 마련하는 것이다. 얼마 동안에 한해서다. 습관화를 지속하면서 자신의 전부를 돌보면 불안이 약해지면서 노출 피로도 줄어든다.

실천 방안

1. **불안으로 인한 밤샘에 대비하라.** 불면증의 시간을 우리 마음대로 정할 수는 없지만, 그것을 불안의 통상적 부작용으로 받아들일 수는 있다. 그럴 때 깜짝 놀라 좌절하기보다 이를 계기로 자유의 길로 전진할 수 있다. 불안으로 잠 못 이룰 때, 당신이 활용할 수 있는 건강한 습관과 실천은 무엇인가? '밤을 새울 때를 대비하는' 활동으로 집수리, 공예, 영화 보기, 편지 쓰기 등이 있다.

2. **노출 피로를 겪는 자신에게 은혜를 베풀라.** 불안으로 인한 불면증은 실패의 징후가 아니라 치료 중인 문제의 증상일 뿐이다. 그다음 날 자신을 너그러이 대하라. 간밤에 시도한 모든 기술과 새로운 영적 훈련과 실천을 경축하라. 분노 또는 실망하거나 자신을 용납하지 않으면 불안이 악화될 뿐이니, 자신에게 친절하게 말하라. 또한 자신이 나아지려고 꾸준히 노력하고 있음을 기억하라. 시간이 걸리겠지만 당신은 진전을 이루고 있다.

21

기쁨을 선택하라

불안은 당신이 주는 먹이를 받아먹고 자란다.
긍정적 선택을 내리면
불안을 촉발하는 요인에 집중하는 시간을 제한하고
당신을 기쁘게 하는 요인에 집중할 수 있다.

내 딸이 냉장고를 뒤지던 중에 뒤쪽에서 상한 음식이 나왔다. 딸은 "윽, 냄새 한 번 고약하네! 자, 아빠도 맡아 보세요!"라고 말했다.

"싫은데! 상했으면 버리면 되지. 나까지 냄새를 맡아 볼 필요는 없잖아!" 나는 이렇게 대답했다.

사람들은 왜 그럴까? 냄새가 고약한 게 있으면 남한테도 맡아 보라고 하니 말이다! 이미 내 주변 세상에는 악취를 풍기는 게 많다. 굳이 누가 내 코밑에 다른 것을 더 들이밀지 않아도 되는데 말이다.

젊은 층의 불안이 현저히 급증한 데는 전 세계에서 쏟아져

들어오는 온갖 걱정거리에 대한 정보, 통계 수치, 뉴스, 업데이트, 경고에도 일부 원인이 있다고 본다. 결국 이것은 '간접 트라우마'로 작용하는데, 인간 본연의 감당 능력을 벗어나는 고난에 우리가 과도히 노출되기 때문이다.

우리는 불안을 조장하는 문화 속에 살고 있다. 두려움과 염려와 나쁜 소식은 잘 먹혀들고, 우리는 늘 거기에 낚인다. 그러나 선택권은 우리에게 있다. 어디에 집중할지를 선택하면 우리 삶을 되찾을 수 있다. 우리는 기쁨을 선택할 수 있다.

여기 불안에 대한 사도 바울의 설득력 있는 권고가 있다.

주 안에서 항상 기뻐하라. 내가 다시 말하노니 기뻐하라. 너희 관용을 모든 사람에게 알게 하라. 주께서 가까우시니라.
　아무것도 염려하지 말고 다만 모든 일에 기도와 간구로, 너희 구할 것을 감사함으로 하나님께 아뢰라. 그리하면 모든 지각에 뛰어난 하나님의 평강이 그리스도 예수 안에서 너희 마음과 생각을 지키시리라. (빌 4:4-7)

이것을 읽고 내게 처음 든 생각은 이렇다. **그렇게 말하기야 쉽지! 내 사정을 모를 테니까.** 그러나 바울에 대해 배울수록, 나는 아마 그가 핵심을 간파했으리라는 생각이 더 든다! 예수를 따르다가 그는 우리가 상상할 수 있는 가장 스트레스 많고 두렵고 불안을 자아내는 여러 상황에 빠졌다.

그는 이 말씀을 감옥에서 썼다. 그는 예수를 전하는 게 불법인 지역에서 교회를 개척하다가 체포되었다. 그는 곤장을 맞고 위협을 당했으며, 가난과 질병으로 고생했고, 배를 탔다가 난파까지 당했다. 불안이라면 그도 알 만큼 알았다. 그의 만만치 않은 영적 권고는 이런 역경을 토대로 한 것이다. 우선 그는 "기뻐하라"라고 말한 뒤, 그럴 수 있는 방법을 몇 가지 제시한다.

첫째로, 그는 타인에게 관용을 베풀 것을 일깨운다. 불안할 때 우리는 그 스트레스를 다른 사람들에게 쏟아 내고는 한다. 반대로, 그들에게 긍정적 영향을 미칠 방법을 찾아내면 기쁨을 누릴 수 있다. 내 경우는 감사의 쪽지를 쓰는 것도 그중 하나다. 불안할 때면 나는 지난 세월 내게 정말 도움을 주었던 사람들을 떠올리며 그들에게 고마움을 전한다. 작은 감사의 행위를 통해 불안이 기쁨에 밀려날 수 있다.

둘째로, 그는 기도를 권한다. 필요한 것을 단순히 하나님께 아뢰라. 때로 우리는 기도조차도 염려를 곱씹는 행위로 둔갑시킨다. 단순하고 간략하게 기도하면, 우리를 사랑하시고 아시고 기꺼이 도우시는 하나님께 더 잘 집중할 수 있다. 그분의 도움이 어떤 형태로 오든 그것을 기대하면 기쁨이 더 커진다. 그러나 기도가 단지 하나님의 도움을 청하는 것 이상임을 잊지 마라. 기도란 그분의 약속을 기억하면서 그분께 이미 받은 많은 것으로 인해 감사하는 것이다. 기도는 우리 생각과 감정을 불안 요인에서 이탈시켜 하나님의 계획과 목적과 약속에 다시 맞추라는 초대다.

셋째로, 그는 우리가 지각에 뛰어난 하나님의 평강을 누릴 수 있다고 말한다. 그가 말하는 이런 평강을 나도 몇 번 경험한 적이 있다. "평소 같으면 지금 내가 염려에 찌들어 있어야 하는데 그렇지 않잖아!"라는 말을 절로 하고 다닌다. 이런 황홀한 순간을 더 자주 경험하고 싶다. 하지만 여전히 평강을 얻지 못할 때는 어떻게 해야 할까?

내 생각에 이 물음에 대한 답은 바울의 그다음 말에 나온다. "끝으로 형제들아, 무엇에든지 참되며 무엇에든지 경건하며 무엇에든지 옳으며 무엇에든지 정결하며 무엇에든지 사랑받을 만하며 무엇에든지 칭찬받을 만하며 무슨 덕이 있든지 무슨 기림이 있든지 이것들을 생각하라"(빌 4:8).

이는 하나님이 이미 하신 일, 하고 계신 일, 장차 하실 일에 집중하라는 말이다. 그렇게 할수록 두려움에 집중할 시간과 에너지는 줄어든다. 당신은 이렇게 물을지 모른다. "그러면 현실을 도피하고 문제를 무시하는 것과 같지 않은가?" 그렇지 않다.

좋은 쪽에 집중하는 것은 나쁜 쪽을 무시하는 게 아니라 나쁜 쪽을 제자리에 두는 것이다.

바울의 말은 이 멋진 진술로 끝난다. "너희는 내게 배우고 받고 듣고 본 바를 행하라. 그리하면 평강의 하나님이 너희와 함께 계시리라"(빌 4:9). "지금부터 이것을 실천하면 너희 삶에 영적 변화가 나타날 것이다"라는 말이다.

어떤 행동이든 보상이 따를수록 더 잦아지는 법이다. 이는 자녀를 잘 기르는 비결이기도 하다. 예컨대, 자녀의 나쁜 행동에 관심을 집중하면, 자녀는 이를 '부모의 관심'으로 인식하고 관심을 더 받으려고 계속 나쁘게 행동한다. 그러나 착한 행동을 칭찬하고 보상해 주면, 자녀가 스스로 원해서 착하게 행동한다. 나쁜 행동은 관심 밖으로 밀려난다.

불안도 마찬가지다. 불안한 생각과 감정도 우리가 거기에 관심을 쏟을수록 더 강해진다. 불안 요인을 무시하거나 피해서는 안 되지만, 우리가 온전히 주목해야 할 것은 우리에게 기쁨을 주고 하나님을 기쁘시게 하는 것들이다!

프랑수아 드 살(Francis de Sales)이라는 16세기 천주교 영성 신학자의 책에는 인근 도시들의 비참한 생활 여건이 기술되어 있다. 밀집된 인구와 열악한 위생 상태 때문에 시내를 걸어 다닐 때, 말 그대로 고약한 냄새가 났다. 지독한 악취였다. 인구 밀

도와 폐기물 관리를 뜯어고칠 수는 없기에 시민들은 악취에 대처하는 법을 따로 개발했다. 바로 **꽃묶음**(nosegay)이다. 향기로운 꽃을 조금 모아 코밑에 들고 다니며 일과를 본 것인데, 덕분에 그들은 쾌적한 냄새 속에서 일상을 영위할 수 있었다.

프랑수아 드 살은 우리 모두에게도 날마다 '영적 꽃묶음'이 필요하다고 말한다. 세상의 냄새와 악취 속을 지나다니는 데 도움이 될 몇 가지 긍정적 생각, 영적 인용문, 하나님의 약속 등이 그에 해당한다. 영적 꽃묶음 덕분에 우리는 자신의 불안은 물론이고 주변의 불의와 압제와 이기심에 맞서 싸우는 중에도 늘 긍정적인 쪽에 집중할 수 있다.

실천 방안

1. **하루를 긍정적으로 시작하라.** 하루를 기쁘게 시작할 방법을 개발하라. 조용히 묵상, 기도, 감사하는 시간일 수도 있고, 전날이나 지난주의 좋았던 일을 떠올릴 수도 있다. 장황하거나 복잡하게 하지 마라. 목표는 즐거운 생각을 품고 하루를 시작하는 것이다. 잠자기 전에도 비슷하게 해 보라. 그날 중 좋았던 일을 생각하며 하루를 기쁘게 마무리해 보라.

2. **긍정적인 쪽으로 방향을 돌리라.** 당신을 '악취 쪽으로 몰아가는' 영역을 찾아내라. 험담, 비난, 유언비어, 냉대, 낚시 기사, 타인의 사생활 등인가? 이런 것들을 접할 때, 그로 인해 당신의 불안이 깨어나지 않게 하라. 긍정적으로 반응할 방법을 찾거나, 그 상황에서 떨어져 나와 당신이 마땅히 주목해야 할 더 즐거운 것을 찾으라. 당신이 이런 실험을 하고 있음을 가장 가까운 사람들에게 알리는 것도 좋다.

3. **웃을 기회를 찾으라.** 기쁨과 행복은 서로 다르지만 둘의 공통점은 바로 웃음이다. 웃음은 몸과 영혼에 이롭다. 웃으면 스트레스 호르몬이 감소하고, 면역력이 높아지며, 엔도르핀이 분비되고, 칼로리가 연소되며, 혈류가 증가한다. 웃음은 영혼의 무거운 짐도 가볍게 해 준다. 당신은 불안을 다스리려는 중요한 일을 많이 하고 있다. 그러니 웃어 마땅하다. 당신을 웃게 해 줄 것들을 찾으라!

22

핵심 신념과 왜곡을 점검하라

아주 흔한 사고의 오류들이
불안으로 직결된다.
사고 습관을 바꾸면
삶 전체에 긍정적 영향이 나타난다.

내가 성장기를 보낸 집은 늘 움직였다. 바닥이 단단한 점토라서 꾸준히 적당량의 물을 부어 주지 않으면 땅이 갈라졌고, 그때마다 집이 "자세를 고쳤다." 우리가 지진이 잦은 캘리포니아주에 산 것도 한몫했다! 가끔 따분할 때면 나는 거실에 드러누워 천장에 있는 갈라진 금을 세고는 했다.

집이 흔들리고 나면 현관문이 끼어 잘 빠지지 않았기 때문에 으레 표가 났다. 문을 잠그려면 손잡이를 들어 올리거나 내리눌러야 했고, 걸쇠가 물리도록 위쪽이나 아래쪽으로 구멍을 더 넓게 뚫어야 했던 적도 있다.

그야말로 온 사방이 갈라진 데다 늘 움직이는 집이었지만,

나는 거기에 익숙해졌다. 세월이 흐르면서 아예 그러려니 했다. 이윽고 우리가 부른 구조 공학자가 와서 집 밑으로 들어가 기초를 점검한 뒤, 향후 피해의 예방 조치를 권고해 주었다.

내 성장기의 그 집은 우리 머릿속에서 벌어지는 일을 잘 보여 주는 은유다. 아주 어려서부터 우리는 삶의 기초를 이루는 일련의 핵심 신념 내지 가치관을 형성하기 시작한다. 핵심 신념 중에는 부모, 돌보는 사람, 친구, 권위 인물이 우리에게 드러내 놓고 가르친 것도 있고, 우리가 인과 관계를 통해—다른 사람의 사례를 보거나 그냥 생존에 필요한 행동을 알아내서—학습한 것도 있다.

그런 핵심 신념에서 다음과 같은 질문의 답이 나온다. 나는 누구인가? 세상은 어떻게 돌아가는가? 누구를 신뢰할 수 있는가? 내 인생의 목적은 무엇인가? 이런 질문의 답은 우리 사고와 행동에 막강한 영향을 미친다. 게다가 집의 기초처럼 이런 답도 대부분 눈에 잘 보이지 않으며, 우리 안에 깊이 묻혀 있다가 대개 변화와 스트레스와 상실의 때에만 우리에게 인식된다.

불안을 계기로 우리는 자신의 핵심 신념을 더 잘 인식할 수 있다. 불안은 또한 집의 기초와 같이 우리의 일부 핵심 신념이 우리 삶과 상황의 무게를 더는 떠받치지 못한다는 것을 깨닫도록 도울 수 있다. 자아관·인간관·세계관·하나님관에 대한 우리의 핵심 신념이 사실과 다를 수 있다. 또한 아주 흔한 사고방식이 우리를 건강하지 못한 결론으로 이끌어 갈 수도 있다. 이것을 **인지 왜곡**(cognitive distortions)이라 한다.

인지 왜곡이란 자신과 주변 세상에 대한 잘못된 신념을 더욱 굳혀 주는 편향된 사고방식이다. 그것은 어렸을 때부터 생겨나고 시간이 가면서 변한다. 성격처럼 그것도 기본적으로 당신이 삶을 이해하려고 개발한 전체 '생존 전략'의 일부다. 그런데 이제는 그것이 당신에게 백해무익하다.

인지 왜곡은 누구에게나 있다. 몇 가지 예를 들어 보겠다.

흑백 논리. 매사를 '모 아니면 도'로 보는 관점이다. 이분법적 범주로 나누어 무엇이든 대단하지 않으면 형편없고, 옳지 않으면 틀렸으며, 무죄 아니면 유죄라고 보는 것이다. 이제부터는 단순히 범주로 생각하기보다, 매사를 연속선으로 볼 수 있다.

과도한 책임감. 자신의 통제권이 실제보다 크다고 믿는 것이다. 다른 사람의 생각, 감정, 행동까지도 자신이 책임진다. 일이 잘못되면 "다 내 잘못이야", "내가 어떻게든 이 사태를 막았어야 돼"라고 말한다. 타인의 책임을 당신이 지기보다, 그들에게 스스로 책임질 재량을 줄 수 있다.

비난과 낙인. 자신에 대해 하는 말이 사실과 다르고, 지나치게 비판적이며, 생각과 감정의 동기를 근거 없이 갖다붙이는 것이다. 자신에게 "멍청하다", "못생겼다", "게으르다"라는 낙인을 찍는다. 심지어 이런 비난이 유익하다고 우길 수도 있다. 당신은 자책할 게 아니라, 자신의 강점을 보고 경축할 길을 찾아낼 수 있다.

독심술. 사람들의 생각이나 감정을 자신이 안다고 단정하는 것이다. 자신의 감정을 그들의 감정으로 혼동한다. 그들에게 정확하지 못한 동기를 갖다붙인다. 사람들이 나한테 더 신경을 쓴다면 그들도 내 생각과 감정을 알 거라고 믿는 경우도 있다. 당신은 독심술을 쓸 게 아니라, 사람들에게 질문하는 법과 자신의 상태를 나누는 법을 배울 수 있다.

긍정적인 면을 무시함. 긍정적인 면보다 부정적인 면을 중시하는 정신적 여과 장치를 가진 것을 말한다. 이는 위협 중추가 너무 활성화되어 아무 문제에나 다 대비하려 하기 때문이다. 또는 자신이 안전하지 못하고 삶의 도전에 준비되어 있지 않다고 느껴져서 이런 습관을 들였을 수도 있다. 늘 부정적인 면을 보기보다, 의지적으로 믿음과 소망과 사랑을 가꿀 수 있다.

감정적 추론. 감정과 사실을 혼동해 내 느낌이 그렇다면 사실일 수밖에 없다고 믿는 것이다. 감정을 느끼는 대신 감정으로 생각하는 법을 배운 것이다. 당신은 느끼는 대로 믿을 게 아니라, 자신의 감정을 경청하면서도 합리적 증거에 따라 실재를 판단할 수 있다. 그 긴장 속에서 살아가는 법을 배울 수 있다.

침소봉대. 결론으로 비약해 최악의 경우를 상상하는 것이다. 부정적 사건 하나를 패배의 기조로 과잉 해석한다. 필시 일어나지도 않을 나쁜 일을 예상하며, 과도히 대비한다. 이제부터 당신은 발생할지도 모르는 일에 집중할 게 아니라, 지금 벌어지고 있는 좋은 일에 집중함으로써 미래에 대비할 수 있다.

다음은 내가 이 모든 인지 왜곡을 한순간에 경험했던 이야기다. 내가 담임목사로 부임한 지 2년쯤 지나서부터 우리 교회는 변화의 시기에 들어섰다. 교회의 메시지는 변함없지만, 교회 역사가 100년도 더 된 만큼 방법에는 늘 변화를 준다. 교인들에게 변화가 힘들 것을 알기에 이렇게 혼잣말했던 게 기억난다. "온통 난리가 나겠지(흑백 논리). 내가 무능한 탓에(비난과 낙인) 교인들에게 상처를 입히겠지(과도한 책임감). 그들은 변화를 싫어할 거야(독심술). 악조건뿐이네(긍정적인 면을 무시함). 그게 느껴지거든(감정적 추론). 결국 나를 해고할지도 몰라(침소봉대)."

과연 도전의 시기였지만 덕분에 신기하고 놀라운 일이 많이 벌어져 교회에 활력을 주었다. 손실과 까다로운 대화도 있었지만, 그 모든 변화는 새로운 시작, 관계, 성장을 위한 절호의 기회로 이어졌다. 자신, 타인, 세상, 하나님에 대한 사고방식을 바꿀 때도 똑같은 일이 벌어진다.

실천 방안

1. **당신의 핵심 신념을 열거하라.** 자신에게 이렇게 물어보라. 나 자신, 사람, 세상, 하나님에 대한 나의 핵심 신념은 무엇인가? 어디서 이런 신념을 얻었는가? 그 출처는 믿을 만한가? 이런 신념은 세월이 흐르면서 어떻게 변했는가? 좋은 쪽으로 변했는가, 아니면 내 불안 때문에 더 부정적이거나 냉소적이거나 편향적으로 변했는가? 어떻게 내 신념을 더 명쾌하게 하고 거기서 더 소망을 얻을 수 있는가?

2. **당신의 인지 왜곡을 찾아내라.** 이번 장에 예를 든 인지 왜곡 중 당신이 가장 공감하는 것은 무엇인가? 그런 왜곡이 당신의 삶 속에서 어떻게 나타나는지 몇 가지 예를 들어 보라. 말하고 글을 쓰고 기도할 때, 당신의 인지 왜곡을 어떻게 더 신속하게 인식할 수 있는가? 인지 왜곡을 더 잘 인식하고 바로잡기 위해 당신이 도움을 청할 수 있는 사람은 누구인가?

3. **핵심 신념의 기초로서 예수의 가르침을 살펴보라.** 예수의 가르침을 모아 놓은 유명한 산상수훈(마 5-7장)에 보면, 예수는 삶, 영적 습관, 소유, 관계, 관용, 비판, 분별,

염려에 대해 말씀하신다. 결론적으로 그분은 이런 가르침을 견고한 기초 위에 지은 집에 비유하신다. 마태복음 5-7장을 통독하라. 예수의 가르침이 어떻게 당신의 일부 핵심 신념을 공고히 해 주고, 인지 왜곡을 바로잡아 줄 수 있을지 생각해 보라.

23

생각과 행동을 분리하라

단지 생각하거나 느꼈다고 해서
당신이 그렇게 행동했거나 행동할 거라는 뜻은 아니다.
생각과 행동을 분리해
불필요한 죄책감과 수치심을 물리치라.

친구에게 간밤에 꾼 내 꿈 이야기를 했다. "때는 1920년대인데, 내가 세로줄 무늬 정장 차림의 은행 강도인 거야. 세련되고 천장이 높은 은행이었어. 사람들에게 바닥에 엎드리라고 소리치는 내 목소리가 건물 전체로 울려 퍼졌지. 우리 3인조는 은행을 털어 가방에 돈을 쓸어 담았어. 밖으로 달려 나오는데, 경비원이 나한테 총을 쏘더군. 나도 가지고 있던 소형 기관총으로 응사했지. 그 사람한테 총알이 막 박히는데, 이상하게 내가 그에게 딸 셋이 있다는 것과 그들이 다시는 아빠를 볼 수 없다는 것을 아는 거야. 그러다 깼어."

"와, 나도 그런 꿈 좀 꿔 봤으면 좋겠네!" 친구가 말했다.

"이 꿈이 부럽다고?" 나는 놀라서 되물었다. "깰 때 온몸이 떨리면서 왠지 기분이 찜찜했는걸."

"찜찜하다니?"

"내가 범죄자가 되어 사람을 죽였잖아."

"에이, 꿈인데 뭘. 실제로 그런 건 아니잖아."

"그야 그렇지만 기분은 꼭 실제로 그런 것 같거든."

나는 은행을 털 마음도 없고, 도주 차량 쪽으로 가면서 누군가에게 총을 쏘고 싶지도 않다. 폭력 범죄자가 되는 꿈은 내가 원해서 꾼 것이 아니다. 그런데도 잠자는 중에 찾아온 그 원치 않는 생각이 죄책감과 책임감을 유발했다. 정말 내가 그 행위를 저지른 것처럼 느껴졌다.

이는 강박장애가 있는 사람의 흔한 경험을 보여 주는 사례로, **사고와 행동의 융합**(thought-action fusion)이라 불린다.

사고와 행동의 융합은 생각하는 것만으로도 실행과 대등하다고 믿는 것이다. 예컨대, 당신도 무심코 누군가가 죽는다는 생각이 들어, 그 생각에 대해 죄책감을 느낀 적이 있지 않은가? 이것이 사고와 행동의 융합이다. 또한 생각하는 대로 될 소지가 높다고 믿는 것도 그에 해당한다. 무심코 당신의 비행기가 추락한다는 원치 않는 생각이 들어, 탑승하기가 무서웠던 적이 있지 않은가?

사고와 행동의 융합은 "말이 씨가 된다"라는 개념과 비슷하며, 생각을 정도 이상으로 중시하는 잘못된 신념에서 기원한다. 우리는 생각 자체를 위험시할 수도 있고, 생각이 참자아를 대변하며 위험한 행동으로 이어지기 쉽다고 믿을 수도 있다. 이런 인지 오류가 불안을 부채질할 수 있다.

게다가 우리 문화는 이런 인지 오류를 부추긴다. 대중 심리학자, 동기부여 강사, 도시의 신비론자들은 우리의 모든 생각과 감정이 참자아에서 생겨나고 참자아를 대변하며, 과거의 삶, 진화 과정 속에서 축적된 지혜의 조각들 또는 무시 못 할 영적 예감을 통찰하게 해 줄 수 있다고 가르친다. 심지어 실재를 우리가 만들어 낼 수 있다고까지 가르친다. 무엇이든 우리가 믿는 대로 생겨난다는 것이다.

종교적 가르침이 이것을 더 악화시킬 수 있다. 기독교에서 제시하는 복합적 인간관에는 다음과 같은 개념이 포함된다. 즉, 우리 모두에게는 악한 충동, 죄성 또는 자아의 '육신적' 요소가 있으며, 그것 때문에 우리는 우리 삶을 향한 하나님의 사랑 넘치는 계획에 저항한다. 하지만 일각에서 그 부분을 너무 강조하다 보니, 우리 모두가 하나님의 형상대로 지음받았고 그분이 우리 안에 그리고 우리를 통해 선을 이루려 하신다는 회복의 진리가 거기에 잠식된다. 불안에 떠밀려 우리는 자신이 사랑받지 못할

죄인이며 거룩하신 하나님 앞에서 소망이 없다고 믿을 수 있다.

원치 않는 생각과 감정은 누구에게나 무심코 들게 마련이다. 온갖 이상하고 불온한 금기 사항이 저절로 머릿속으로 튀어나올 수 있다. 그럴 때 사고와 행동의 융합 때문에 우리에게 이런 내면의 메시지가 들려올 수 있다.

생각만이라도 어떻게 네가 이럴 수 있지?
이렇게 느끼는 사람은 아무도 없어!
너 같은 사람만 할 수 있는 아주 끔찍한 상상이야!
창피하게 이런 생각을 품다니!

우리의 생각이 나쁘거나 악할 수 있을까? 물론이다. 예수는 우리에게 삼가 나쁘거나 악한 생각과 감정에 굴하지 말라고 경고하셨다(마 5:22, 28). 그러나 불안한 우리는 때로 원치 않는 생각이나 감정을 죄악된 행동과 혼동한다. 생각이나 감정을 행동과 혼동하면 근거 없는 죄책감이나 수치심이 들면서 불안이 급하게 치솟는다. 그래서 우리는 자신을 달래고 싶어질 수 있다. 의식을 수행해 마음을 진정하려는 충동에 돌연 사로잡힐 수 있다. 문제는 우리가 아무런 잘못도 하지 않았다는 것이다! 그냥 원치 않는 생각이나 감정이 들었을 뿐이다.

단지 생각하거나 느꼈다 해서 당신이 그렇게 행동하게 되는 건 아니다.

나는 일생에 적어도 네 번 자살을 생각한 적이 있다. 자세한 내막은 말하지 않겠지만 꽤 치열했다. 실제로 자살을 시도한 적은 없으며 그럴 마음도 없었다! 오히려 생각만으로도 정말 괴로웠다. 그런 생각이 두려워 일종의 강박 관념까지 생겼는데, 때로 이것을 **자살 강박장애**(suicidal OCD)라고 한다.

불쑥 쳐들어오는 자살에 대한 생각과 실제로 자살을 생각하는 것의 차이는 주로 의도성 여부에 있다. 실제로 자살을 생각하는 사람과 달리, 생각이 불쑥 쳐들어오는 우리는 자살할 마음이 없다. 오히려 어떻게든 그것을 막으려는 데 집착한다. 생각 때문에 정말 그렇게 될까 봐 두려운 것이다.

여기서 멈추어 꼭 당부할 말이 있다. 당신이 자해나 자살을 생각하고 있다면, 스스로 해결하려 하지 말고 전문가를 찾아가거나 자살예방센터에 전화해 누군가와 대화하라. 불쑥 쳐들어오는 자살에 대한 생각과 실제로 자살을 생각하는 것의 한 가지 공통점은 양쪽 다 누군가의 도움이 필요하다는 것이다.

다행히 사고와 행동의 융합은 **분리**(decoupling)를 통해 해결될 수 있다. 여기서 분리란 불쑥 쳐들어오는 생각과 감정을 거기에 수반되는 건강하지 못한 메시지로부터 심리적으로 떼어내는 행위다. 그러려면 생각과 행동의 연관성을 능동적으로 시험해 당신의 감정에 근거가 없음을 스스로 증명해야 한다. 예컨대, 외출하면 나쁜 일이 벌어질까 봐 두려운가? 그렇다면 외출하라. 불안해지기는 하겠지만 가상의 일에 대한 두려움을 분리할 수 있다. 물론 그런다고 나쁜 일이 벌어지지 않으리라는 절대적 보장은 없다. 남아 있는 불확실성을 당신은 용납할 줄 알아야 한다.

실천 방안

1. **분리를 실행하라.** 나쁜 일로 이어질까 봐 두려운, 어떤 불쑥 쳐들어오는 생각이나 감정을 찾아내라. 잠시 그 일이 벌어진다고 상상해 보라. 그러고 나서 당신이 좋아하는 긍정적 활동이나 행동을 하라. 산책을 나가거나 누군가에게 격려의 쪽지를 쓰거나 좋아하는 음악을 들을 수 있다. 당신의 생각이 위험하지 않았고 피해로 이어지지도 않았음을 충분히 확인하라.

2. **여태 말하지 못한 두려움에 대해 당신이 믿을 만한 사람과 대화하라.** 두려움은 어둠 속에서 자란다. 그것을 훤히 드러내라. 불쑥 쳐들어오는 생각이나 감정을 믿을 만한 누군가에게 나누라. 왜 그것이 위험한 일로 이어질까 봐 두려운지를 설명하라. 남에게 소리 내어 설명하다 보면,

자신의 논리에 있는 문제점을 더 잘 인식하게 된다. 덕분에 우리는 두려움에 수반되는 메시지를 재고할 수 있다.

24

보호 우산을 찾으라

그동안 많은 것이 당신을 삶의 풍랑에서 보호해 주었다.
그중 하나라도 잃는 것이
불안 문제를 풀어 나갈 실마리가 될 수 있다.

내 친구는 어디를 가나 우산을 가지고 다녔다. 우산이 손에 없으면 차 안이나 사무실에라도 있었다. 비가 올 경우에 대비해서라고 했다. 그런데 우리가 사는 캘리포니아주 남부에는 비가 거의 오지 않는다.

나는 늘 그의 준비성이 과하다 싶었다. 하지만 정말 비가 오면 그는 "거봐. 우산이 필요할 줄 내 알았다니까"라고 말했다. 언제 비가 오든 늘 우산이 준비되어 있는 건 다행이었지만, 늘 우산이 있어야 한다는 강박은 지나쳐 보였다.

왜 그는 그냥 일기 예보를 확인해서 필요할 때만 우산을 쓰지 않았을까? 내 생각에, 우산은 그를 비에서 보호해 준 게 아니라 미지의 영역에 대한 불안에서 보호해 주었다. 우산은 자신이 안전하며, 행여 나쁜 일이 벌어져도 무사하리라는 생생한 환기 장치였던 것이다.

보호 우산은 누구에게나 있다.

우리에게 안전감을 주는 우산의 종류는 다음과 같다.

핵심 신념. 우리 대부분은 무언의 핵심 신념대로 살아간다. 그것은 "착한 사람에게는 나쁜 일이 벌어지지 않는다", "하나님은 내가 감당할 수 있는 일만 허락하신다"처럼 세상 이치에 대한 신념일 수 있다. "나는 절대로 이혼하지 않는다", "언젠가는 천생연분을 만나겠지"처럼 관계에 대한 신념일 수도 있다. 그런가 하면 "은퇴할 때까지 이 직장에 다니리라", "내 몸을 잘 관리하면 병들지 않겠지"와 같은 신념도 있다. 이런 핵심 신념 덕분에 우리는 세상의 두려운 일로부터 자신이 안전하다고 느낀다.

중요한 인간관계. 핵심 관계로는 원가족, 친구, 연인이나 부부, 영적 멘토나 동지가 있다. 건강하든 역기능적이든, 이 모든 관계는 미지의 영역을 헤쳐 나가는 우리에게 상징적 도움이 된다. 주변 모든 것이 변해도 누군가 우리를 사랑하고, 알고, 수용하는 사람이 있음을 일깨워 준다. 그런 지원이 생전 말로 표현되지 않더라도 말이다. 우리는 이런 관계가 자신의 안전감에 얼마나 중요한지를 아예 의식하지 못하다가 관계가 끝난 후에야 깨달을 수도 있다.

하나님과의 관계. 우리 모두에게는 하나님이 우리 삶 속에서 하시는 역할과 그분의 임재에 대한 신념이 있다. 그분이 일을 결정하시는 부분은 얼마만큼이고, 우리의 자유 의지가 개입하는 부분은 어디까지인지에 대한 신념도 있다. 우리를 보호하시는 그분의 사랑에 대한 신념도 있다. 대개 말로 표현하지 않지만, 우리가 실수하거나 죄를 지을 때 하나님이 어떻게 반응하시는가에 대한 신념도 확고하다. 우리 중에는 하나님의 거룩하심과 사랑이 건강하게 균형 잡혀 있는 이들도 있고, 둘 중 어느 한쪽으로 더 치우쳐 있는 이들도 있다. 아울러 예수를 따르는 주변 사람을 얼마나 신뢰할 수 있는가에 대한 신념도 있다.

보호 우산을 잃으면 어떻게 될까?

내가 열한 살 때, 아빠가 돌아가셨다. 백혈병으로 2년 동안 투병하셨는데, 당시 나는 '혈액암'으로 알고 있었다. 나는 **아빠**가 점점 야위어 가고, 전신 화학요법과 골수 이식을 견뎌 내다가 양측 폐렴에 걸리는 모습을 보았다. 마지막으로 그를 보았을 때, 그는 산호 호흡기에 의존해 있었다. 아빠는 글자를 조합하는 판 위에 **"네가 자랑스럽다"**라고 썼다.

아빠는 강인하고 과묵한 사람이었다. 손재주와 예술성을 겸비했고 재치가 넘쳤다. 내 학교생활, 리틀리그 야구단, 컵스카우트 등 어디든 아빠가 있기에 세상이 좀 더 의미 있었다. 아빠가 차고에서 목공 일을 할 때면 나도 주위를 맴돌고는 했다. 그렇게 늘 내 곁을 지켜 주던 아빠였다.

아빠가 돌아가신 때는 마침 사춘기에 들어선 내게 아빠가 새삼 필요할 때였다. 아빠의 죽음으로 우리 가정은 영영 달라졌다. 그때 오가던 말다툼과 정서적 거리감이 기억난다. 식구마다 집에서 새로운 역할을 맡게 되었는데, 내 역할은 평화를 유지하고 위로하는 것이었다. 게다가 그때는 1980년대였다. 형과 나는 (그런 명칭이 생겨나기도 전부터) 전형적인 X세대였다. 엄마가 일해야 했으므로, 우리는 오후 3시부터 6시까지 '맞벌이 부부의 자녀'처럼 우리끼리 집에서 텔레비전을 보고 비디오 게임을 했다.

엄마는 대단했고 내게 애도하는 법도 가르쳐 주었다. 그러나 아빠는 보호 우산이었다. (비참한 투병과 죽음에 더해) 아빠가 없는 세상은 덜 안전하고 더 불투명해 보였다. 당시에는 표현할 수 없었지만, 나 자신이 나약하게 느껴졌고, 그런 나약한 감정을 어찌해야 할지를 몰랐다.

당신도 보호 우산을 잃은 적이 있는가?

사랑하는 이의 죽음, 트라우마로 남은 사건, 건강 문제, 참척, 이혼, 재정 손실, 학대, 하나님과의 단절감 등은 불안의 시발점이 될 수 있다. 큰일이 그럴 수도 있지만, 당신에게 크게 다가왔던 작은 일이 그럴 수도 있다. 그 일이 아마 당신 안에 나약한 감정을 유발했을 것이다.

모든 불안이 트라우마나 애도하지 못한 상실에서 생겨나는 것은 아니다. 불안으로 고생하는 우리는 오히려 불안의 발단에 과도히 집착하기 쉽다. 그게 전혀 중요하지 않을 때조차도 말이다. 중요한 것은 나약한 감정과 통제 불능의 느낌이 불안을 더 부채질할 수 있다는 것이다. 때로 이런 감정은 과거의 특정 시점에서 시작된다.

보호 우산은 누구에게나 있다. 그것은 우리의 신념이나 관계일 수 있고, 미지의 영역을 이해하는 방식일 수 있다. 그중 하나라도 잃는 것이 불안 문제를 풀어 나갈 실마리가 될 수 있다. 애도하지 못한 상실, 트라우마, 과거의 힘든 시기 등을 탐색해 보면 자신의 연약한 부분을 새롭게 직시할 수 있고, 그리하여 불안한 생각과 감정에 부딪칠 힘을 얻을 수 있다.

실천 방안

1. **인생 지도를 작성하라.** 출생부터 현재까지 당신 일생을 하나의 선을 그어 나타내라. 그 선을 인생의 시기별로 구분하라. 구분 기준은 연도, 학령 또는 중요한 사건일 수 있다. 좋았던 일과 힘들었던 일을 발생 시기에 맞추어 선

위쪽과 아래쪽에 각각 점으로 표시하되, 좋거나 힘들었던 강도에 따라 선과의 간격을 더 벌리거나 좁히라. 각 사건이 무엇이었으며, 당신의 생각과 감정에 어떤 영향을 미쳤는지를 기록하라. 점과 점을 다 연결해 또 하나의 선을 그으라. 이번 장 끝에 나의 인생 지도를 사례로 소개하겠다.

2. **좋았던 일과 힘들었던 일 가운데서 더 주목해야 할 부분을 찾아내라.** 당신의 인생 지도에서 좋았던 일인데 제대로 경축하지 못한 것은 무엇인가? 어떻게 그것을 더 기억하고 즐거워하며 기념할 수 있겠는가? 힘들었던 일인데 무시 또는 축소했거나 충분히 슬퍼하지 못한 것은 무엇인가? 때로 우리는 너무 급히 넘어가느라 삶 속의 상실과 트라우마를 충분히 애도하지 못한다. 내 경우 '선 아래쪽'의 두 사건이 중요한 상담과 기도의 초점이 되었다. 아울러 좋았던 때와 힘들었던 때에 당신에게 가장 도움이 된 사람은 누구인가? 나도 인생 지도에 그들의 이름을 써넣었다. 다 마친 후, 나는 그들 각자에게 쪽지를 써서 그 시기에 해 준 역할에 대해 감사를 표했다.

3. **전문가와 협력하라.** 상담사의 도움을 받고 있지 않다면, 그러기를 적극 권장한다. 이는 약하다는 표시가 아니라

오히려 강하다는 표시다! "이 부분에서 내게 도움이 필요합니다"라고 말하려면 용기가 필요하다. 불안 치료에 숙련된 상담사는 인지 행동 요법(CBT)과 노출 및 반응 예방법(ERP)을 병용할 것이다. 안구 운동 둔감화 및 재처리법(EMDR) 등 다른 방식으로도 도울 수 있으며, 필요하다면 약물도 사용할 수 있다.

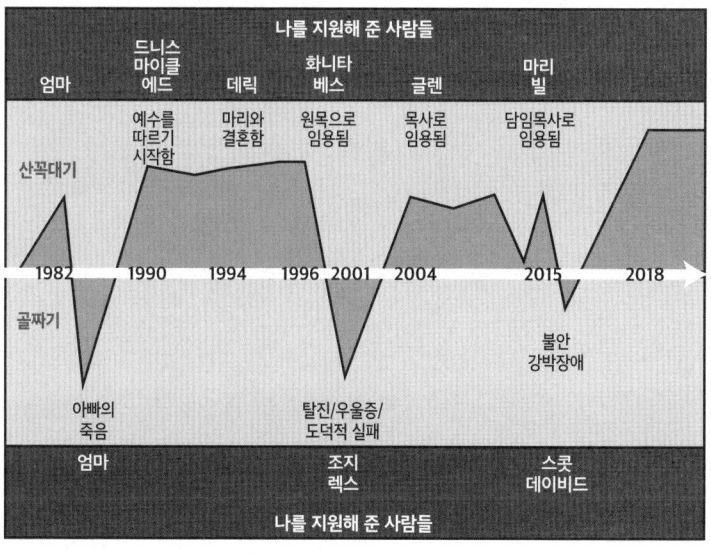

그림 24.1 인생 지도

25

자가 치료를 줄이라

그동안은 당신 나름의 방식으로 불안한 자아를 달래 왔다.
불안에 대처하는 기술을 새로 배움에 따라
이제 건강하지 못한 자가 치료를 줄일 수 있다.

아버지 없는 성장기는 힘들었다. 나는 자주 외롭고 정서가 불안했다. 그 나이에는 이런 감정을 말로 표현할 수 없었지만, 잠시만이라도 그런 감정에서 벗어나고 싶었다. 상태를 호전시켜 주는 것들이 있었다. 친구들과 함께 놀기, 영화 보기, 그림 그리기는 나를 더 행복하게 해 준 건강한 활동이었다. 그러나 열두 살 때, 나는 친구네 차고에서 포르노를 발견했다.

노골적인 사진을 보는 순간, 내 안에 일이 벌어졌다. 생각지도 못했던 방식으로 뇌에서 강성 화학 물질이 뿜어져 나왔다. 한순간 불안한 생각이 가라앉았고, 원치 않는 감정이 진정되었다. 그때는 몰랐지만 그날 나는 불안을 자가 치료하는 법에 눈떴다. 다만 그것이 불안을 더 악화시키기도 할 줄은 몰랐다.

이는 불안한 우리에게 흔히 있는 일이다. 우리는 만성 염려, 불쑥 쳐들어오는 생각, 원치 않는 감정에서 잠시나마 놓여날 활동을 대개 본의 아니게 찾아낸다.

그중에는 우리가 여태 살펴본 건강한 활동도 있다. 불안을 그 실체대로 보고, 피하지 않고 부딪치며, 감정의 진위를 따지고, 건강한 습관을 기르며, 혼잣말을 긍정적으로 하고, 마음챙김을 실행하며, 전문 상담가의 도움을 받는 것 등이 이에 해당한다.

그러나 우리가 찾아내는 불안 대처법 중에는 건강하지 못한 것도 있다. 즉, 나쁜 감정을 한동안 차단하거나 중지하거나 제거하는 방법이다. 이것을 약처럼 쓸 수 있지만, 나중에 우리가 모르는 부작용이 나타난다.

불안을 달래려는 흔한 자가 치료법은 다음과 같다.

오락. 텔레비전, 비디오 게임, 운동 또는 기타 정상 활동을 도피처 삼아 거기에 과도히 몰두한다. 나는 영화를 즐겨 본다. 그 자체는 잘못된 게 아니지만, 나의 영화 애호는 외로운 성장기에서 기인했다. 깊은 감정을 나눌 줄 몰랐던 그때, 내가 영화에 파묻혀 살았던 것은 일종의 자가 치료였다.

관계. 감정의 전환을 타인에게 의존하거나, 자신의 염려를 남에게 떠넘기거나, 지나치게 비판 또는 안달하거나, 관계를 아예 피한다. 관계를 통한 내 자가 치료 중에는, 사람들을 실망시킬까 봐 두려워 둘러대고 얼버무리는 것이 있다. 이제 나는 사람들과 나 자신에게 솔직해짐으로써 사람들을 사랑하는 법을 배우고 있다.

통제. 일과를 너무 빡빡하게 짜고, 고도로 예측 가능한 틀을 만들어 내며, 때로 다른 사람을 통제하려 든다. 심지어 영적 신념이나 세계관에도 신비나 모호한 여지를 별로 남겨 두지 않는다. 때로 나는 내 물리적 세계를 통제해 자가 치료를 한다. 어수선한 감정을 통제하려고 내 물건을 정리한다.

음식. 간식을 먹거나, 폭식하거나, 억지로 토하거나, 과식한다. 외롭고 초조하고 허전할 때, 음식으로 몸의 화학 반응을 조절한다. 한때 스트레스가 많던 시절, 나는 근처 빵집 앞에 차를 세우고는 매주 차 안에서 혼자 작은 바나나 크림 파이를 먹었다. 자칭 '자기 관리'였으나, 사실은 건강하지 못한 방종이었다.

섹스. 강박적 쾌락, 하룻밤 정사, 위험한 섹스 또는 포르노에 탐닉한다. 음식의 경우처럼, 성적 흥분과 오르가즘으로 몸의 화학 반응을 조종해 잠시나마 스트레스와 불안에서 벗어나려 한다. 불안에 부딪치려는 더 건강한 노력보다 아드레날린과 호르몬 분출에 안주하기가 더 쉬운 법이다.

알코올. 술을 꾸준히 마시면서 음주가 자신에게 얼마나 중요한지를 축소한다. 알코올 의존증이 있을 수도 있다. 알코올은 억제제라서 불안을 악화시킨다. 개인적으로 나는 술을 좋아해 본 적이 없다. 언젠가 누가 나를 '고상한 척하는 절대 금주가'라고 비난했는데, 내 답변은 이랬다. "나는 술을 반대하지 않는다. 그러잖아도 다른 것들에 중독되어 있는 내게 또 다른 중독이 필요하지 않을 뿐이다."

약물. 니코틴이나 불법 약물을 복용한다. 과거에 부상당했을 때 처방받았던 진통제를 상용하는 경우도 있다. 기분이 좋아지기 때문인데 이 또한 자가 치료다. 분명히 말하지만, 지금 나는 부상으로 인한 정당한 통증이나 진단받은 정신 건강 문제에 도움이 되는, 그런 처방약을 끊으라고 권하는 게 아니다. 전문가의 건강 관리 계획에 따라 약물을 복용하는 것은 지혜로운 일이다. 다만 약물 오용의 사례도 비일비재하다.

물건 쟁여 두기. 필요 없는 물건을 모으거나, 좀처럼 소유물을 없애지 못하거나, 강박적 소비의 문제가 있다. 소유물을 구입, 획득 또는 버리지 않는 행동이 안전, 안정, 소속과 연관된 뇌의 쾌락 중추를 활성시킬 수 있다. 적지 않은 경우, 물건 쟁여 두기는 애도하지 못한 상실이나 트라우마로 남은 사건과 맞물려 있다.

신체 중심 반복 행동 장애(BFRB). 자꾸 긁는다든지, 살을 꼬

집는다든지, 머리칼을 뽑거나 잘근잘근 씹는다든지, 무의식중에 손톱을 물어뜯는 행위다. 살을 베는 등의 더 심각한 형태의 자해와 달리 자신을 해치려 하지는 않지만, 그래도 해롭다. 앞서 말했듯, 나는 볼을 깨무는 행위라는 자위책을 지금도 탈학습 중이다.

과도한 성찰. 불안에 대한 책을 모조리 독파하거나, 모든 웹사이트를 뒤지거나, 자신의 불안 문제를 생각하느라 시간 가는 줄 모르거나, 만성 염려와 불쑥 찾아오는 생각과 원치 않는 감정을 철두철미 성찰하려고 치료사, 목사, 친구, 멘토를 대부대로 동원해 도움을 청한다. 건강한 정도의 성찰은 영혼에 유익하지만, 너무 과하면 (아이러니하게도!) 또 다른 형태의 회피가 될 수 있다.

자위책과 자가 치료는 누구에게나 있다. 우리의 자가 치료법은 대부분 그 자체로는 나쁘지 않으며 당장은 효과가 있다. 그래서 그 위험성을 인식해야 한다. 좋은 소식은 우리가 더는 자가 치료에 의존할 필요가 없는 것이다. 우리는 자신의 자가 치료 습관을 찾아내 정도를 줄여 나갈 수 있다.

실천 방안

1. **당신이 줄일 수 있는 자가치료 행동을 열거하라.** 최근에 불안했던 때나 불안이 유독 심했던 때를 되짚어 보라. 당신이 자신의 생각과 감정을 피하거나, 몰아내거나, 거기에 무감각해지려고 동원한 행동은 무엇인가? 이 마음 돌봄 안내서에서 배운 기술을 대신 어떻게 활용할 수 있겠는가? 다음번 불안할 때는 그렇게 해 보라.
2. **건강한 자위책을 두루 찾아보라.** 스트레스를 줄이고 쉼을 얻기 위해 당신이 할 수 있는 건강한 활동은 무엇인가? 자가 치료 행동을 줄이는 동안 그런 활동을 시작하라. 건강하지 못한 자가 치료를 줄이다 보면 스트레스를 받고 불안해질 수 있다. 그게 정상이다. 자신에게 은혜를 베풀면서 계속 건강한 결정을 내리는 쪽으로 나아가라.
3. **중독, 강박, 정신 건강 문제에 대해 도움을 받으라.** 상처, 습관, 콤플렉스에 얽매여 있는 경우, 거기에 도움이 될 만한 새롭고 유익한 치료법이 많이 나와 있다. 당신의 불안을 부채질하는 배후 문제가 있다면, 부디 과감히 약한 모습을 보여 지원을 받으라. 전문 상담, 회복 프로그램, 지원 그룹, 의학적 도움 등이 있다.

새로운 신경 경로를 뚫으라

불안은 뇌 속의 기존 신경 경로를 타고 다닌다.
뇌에 새로운 신경 경로를 뚫으면
당신의 생각과 감정을 통제할 수 있다.

평소에 나는 옷을 가게에 가서 산다. 내 사이즈와 스타일이 고루 갖추어져 있고, 직접 입어 볼 수 있어 마음이 편하다. 그런데 근래에 옷 몇 가지를 온라인으로 구매한 적이 있다. 검색 도중 우연히 멋진 조끼가 눈에 띄었고, 난 늘 셔츠와 바지만 입던 내 규범에서 과감히 벗어나 보기로 했다. 그래서 클릭해 구매했고, 다음 주에 옷이 배송되었다. 그렇게 다 끝난 줄로 알았다.

이후 몇 주 동안 모든 디지털 플랫폼으로 모든 관련 회사의 조끼 광고가 쏟아져 들어 왔다. 내 우편함은 이메일, SNS 게시물, 대량 발송 광고물로 몸살을 앓았다. 한 번의 구매에 딸려 온 덤치고는 어마어마했다. 달갑지 않게 밀려오는 호객 광고를 차단하는 데 꽤 오래 걸렸다.

내가 광고에 뒤덮인 이유는 컴퓨터의 복잡한 알고리즘 때문이다. 알고리즘은 사용자의 취향과 구매 이력을 추적해 소비재의 판매량을 늘리려고 컴퓨터 프로그래머들이 만들어 낸 것이다. 온라인으로 상품을 보거나 검색하거나 구매하면, 프로그램이 이를 인지해 당신이 좋아할 만한 유사 제품을 권유한다. 어떤 면에서 알고리즘은 당신의 관심사를 명확히 상기시켜 집중력을 높여 주려 한다. 그러나 동시에 세상을 보는 관점을 좁혀, 과거에 당신이 선택했던 것만 보게 만든다.

우리 뇌도 이와 비슷하게 작동한다.

이런 복잡한 알고리즘처럼, 하나님이 설계하신 우리 뇌도 늘 과거의 경험, 정서적 반응, 미래의 결정을 서로 연계한다. 일례로, 내 아들은 어렸을 때 뜨거운 스토브를 만졌다가 손가락을 뎄다. 그의 뇌는 뜨거운 스토브와 통증을 연계했다. 이제 그가 뜨거운 스토브를 만지려 할 때마다 뇌가 기억하고 있다가 정신적·신체적·정서적 신호를 보내 그에게 조심하라고 말한다. 뇌의 **신경 경로**를 통해 이런 일이 이루어진다. 고마운 일이다!

이런 예도 있다. 내 아내 마리는 어렸을 때 누군가 자기를 알고 사랑하고 보호해 주기를 간절히 바랐다. 그리고 순진해서 사람도 잘 믿었다. 유년기 내내 그녀는 가장 가까운 사람들을 신뢰하려 했으나 종종 무시나 거부 또는 학대를 당했다. 뇌가 이것을 기억했다. 성인이 되어서도 상당 기간은 신뢰 관계가 형성되려 하면, 그녀 안에 (대개 무의식중에) 자동으로 보호벽이 쳐졌다. 두려워할 이유가 전혀 없을 때도 말이다. 뇌의 신경 경로가 과거의 경험과 정서적 반응을 현재의 결정과 연계한 결과였다. 이것은 좋지 못한 경우다.

우리 안에 불안과 관련된 새로운 신경 경로를 하나님께 뚫으시게 해 드리는 것은, 온라인의 암호화된 알고리즘을 인식해 변화의 조치를 취하는 것과 비슷하다.

당신이 염려하면 뇌는 당신을 도와 그 염려를 확증해 주려 한다. 그래서 과거에 당신의 염려가 정당했던 경험을 쭉 훑는 한편, 상처를 남긴 부정적 사연을 찾는다. 이런 생각, 감정, 기억이 당신의 의식 속에 차오르면서 몸에 생리적 반응을 유발한다. 당신이 받는 메시지는 **마땅히 염려해야 한다**는 것이다. 하지만 이 메시지는 전혀 정확하지 않을 수 있다. 조끼를 사던 예로 다시 돌아가 보면, 광고가 내게 보낸 메시지는 "당신은 조끼를 아주 좋아한다! 아마 더 보고 싶을 것이다"였다. 알고리즘은 소임을 다했지만, 내용이 틀렸다. 나는 조끼를 좋아하지 않으며, 더 보고 싶지도 않았다!

염려가 아닌 경우에도 뇌는 비슷하게 작동한다. 최근에 나는 영화를 보려고 자리에 앉았는데, 첫 화면에 제작사 로고가 뜨면서 웅장한 오케스트라 음악이 장내에 가득 퍼졌다. 생각할 것도 없이 나는 즉시 좌석에 편히 기대앉았고, 그날 내내 곱씹었던 모든 생각이 머릿속에서 사라졌다. 뇌가 영화 관람과 관련된 과거의 온갖 경험과 감정과 좋은 생각을 찾아낸 것이다. 뇌는 기억하고 있다가 내게 이런 메시지를 보냈다. **네가 좋아하는 거니까 느긋하게 있으면 돼. 좋은 경험이 될 거야.** 정말 좋은 시간이었다.

우리 뇌는 유사성을 찾아서 틀을 만들어 내기를 좋아한다. 결정을 신속히 내릴 수 있도록 말이다. 내 친구 크리스는 이런 '신경 경로'를 바닷가에서 건진 한 이야기로 내게 설명해 주었다. "우리 아이들을 데리고 바닷가에 갔는데, 아이들이 모래로 작은 산을 만들더니 컵에 바닷물을 떠다가 산꼭대기에 붓는 거야. 측면으로 물이 흘러내리면서 작은 경로가 생겨났지. 아이들이 또 하겠다며 컵에 물을 새로 퍼다가 작은 산의 꼭대기에 부었는데." 거기까지 말하고 그가 물었다. "어떻게 됐겠나?"

"작은 경로가 또 하나 생겨났나?" 내가 말했다.

"아니, 물이 제일 쉬운 길을 찾아서 하산하더군. 이미 나 있는 경로를 이용한 거야. 우리 뇌도 바로 그렇게 작동한다는 거지."

당신도 인지한 적이 있는가? 일진이 좋은 날은 좋은 생각과 감정을 품기도 더 쉽고, 일진이 나쁜 날은 거기서 떨치고 나오기도 힘들다는 것을 말이다. 이는 뇌가 늘 가장 쉽고 빠른 틀을 찾기 때문이다. 일진이 좋을 때는 뇌의 도움으로 하루가 계속 즐겁지만, 일진이 나쁠 때는 뇌의 도움으로 하루가 줄곧 저기압이다.

때로 어떤 원치 않는 생각이나 감정이 뇌에 아주 강한 방아쇠로 작용해 비슷한 '염려 경로'를 찾게 한다. 오늘 아침 내게 그런 일이 있었다. 나는 아들 이선(Ethan)과 즐거운 대화를 나누고 있었다. 오후 일정이 없어 느긋했고, 우스갯소리를 하며 함께 웃었다. 일진이 좋은 날이었다. 그러다 어떤 단어가 발설되면서 모든 게 달라졌다. 무슨 단어였는지 지금은 기억도 안 나지만, 내 뇌는 그것을 과거의 염려와 연계했다. **단방에** 온갖 불안한 감정이 촉발되어 나를 덮쳐 왔다. 상관도 없는 이야기를 늘어놓는 불청객처럼, 내 뇌가 아들과의 시간을 방해한 것이다.

그 순간 선택의 기로에 선 나는 더 긍정적인 방향으로 '내 생각의 물줄기를 틀기로' 했다. 심호흡을 하고, 깔고 앉아 있던 좌석 쿠션을 조정하고(접지), 가만히 주의를 다시 아들과의 대화로 전환했다. 그 방법이 통했다. 나는 염려와 부정적 생각의 경로를 따라갈 필요가 없었다.

하나님이 설계하신 우리 뇌에는 '신경가소성'(neuroplasticity)이 있다. 그래서 우리는 염려, 회피, 곱씹기, 의식(儀式), 더 심한 불안 등의 기존 신경 경로를 변경할 수 있다. 우리는 인식, 마음챙김, 노출, 건강한 반응, 평안 등의 새로운 경로를 뚫을 수 있다.

실천 방안

1. **하나님의 도움을 구해 이제부터 생각과 감정 속의 건강하지 못한 기존 경로를 변경하라.** 당신은 이미 속도를 늦추고, 자신을 인식하며, 감정 일지를 활용함으로써 이 작업을 해 왔다. 이제 하나님의 도움을 구해 더 의지적으로 생각과 감정의 새로운 틀을 만들어 내라.

2. **신경 경로의 시간적 흐름을 시각화하라.** 가로선을 긋고, 네 칸으로 균등하게 나누라. 첫 번째 칸에는, 수시로 당신에게 불쑥 쳐들어오는 생각이나 감정을 기록한다. 두 번째 칸에는, 그 생각이나 감정을 더욱 굳혀 주는 내면의 메시지나 부정적 목소리를 기록한다. 세 번째 칸에는, 그에 대한 평소 당신의 건강하지 못한 반응(회피, 부정적 혼잣말 또는 강박)을 기록한다. 네 번째 칸에는, 그 원치 않는 생각이나 감정의 강도를 표시한다. 다 하고 나서 지금까지 배운 기술을 활용해 각 경험에 대한 시간적 흐름을 새로 작성하라. 이번 장 끝에 사례 하나를 소개하겠다.

3. **자신이 얼마나 긍정적인지 등급을 매기라.** 1부터 10까지의 척도로 볼 때, 당신은 얼마나 긍정적인가? 어떤 상황에서 누구와 함께 있을 때 더 자연스럽게 긍정적인 편인

가? 당신의 부정적 태도에 기여하는 요소는 무엇인가? 삶을 대체로 더 긍정적으로 바라보기 위해 당신이 접목할 수 있는 실천은 무엇인가? 당신이 긍정적이면 뇌도 긍정을 유지하려 하지만, 당신이 부정적이면 뇌도 부정을 유지하려 한다는 것을 잊지 마라.

표 26.1 신경 경로의 시간적 흐름: 기존의 것

원치 않는 생각/감정	내면의 메시지/부정적 음성	건강하지 않은 반응	강도 수준
"내가 무언가 잘못했다고 생각되거나 느껴진다."	"너 또 실수했구나!"	부정적 생각을 곱씹는다.	1부터 10까지에서: 8
	"실패하면 안 되지."	안심을 구한다.	
	"사람들이 어떻게 생각하겠어?"	내 감정을 피한다. 자가 치료에 매달린다.	

표 26.2 신경 경로의 시간적 흐름: 새로운 것

원치 않는 생각/감정	내면의 메시지/긍정적 음성	건강한 반응	강도 수준
"내가 무언가 잘못했다고 생각되거나 느껴진다."	"잘못했을 수도 있고, 아닐 수도 있다."	내 감정으로 인해 하나님께 감사한다.	1부터 10까지에서: 4!
	"누구나 실수한다."	보유하기 전에 관찰한다.	그 정도면 진전이다!

	"이것을 통해 배울 수 있다."	접지 연습을 실행한다.	
	"나를 사랑하고 받아 주는 사람들이 있다."	지원을 청한다.	

27

리더로서 변화에 적응하라

책임이 커질수록 불안도 커질 수 있다.
반응하는 법을 새로 배우면
당신의 영향력과 리더십이 달라질 수 있다.

직장에서 대대적으로 개편을 진행하고 있었다. 우리가 앞둔 여러 굵직한 결정은 사람들의 삶에 영향을 미칠 터였다. 책임자는 나였다. 내 책임의 수위가 그 정도로 높았던 적은 없었다.

집중도 안 되고 잠도 이룰 수 없었다. 어느새 나는 한밤중에 집 안을 서성거리고 있었다. 나는 너무 지쳐 있었다. 독서와 기도는 물론이고 운동과 집 청소까지 해 보았으나, 아무것도 내 불안을 덜어 주지 못했다. 이런 생각을 하던 게 기억난다. 주위의 '어른'은 다 어디로 갔나? 어쩌다 내가 이런 영향력 있는 자리에 이르렀나? 이토록 불안이 심한데 어떻게 좋은 리더가 될 수 있겠는가?

온라인 동영상이라도 시청해서 주의를 딴 데로 돌려 보기로 했다. 볼만한 것을 찾던 중에 어느 야외 활동 용품 회사의 광고가 나왔다. 윙슈트 플라잉, 동굴 다이빙, 모토크로스 등 익스트림 스포츠를 즐기는 다양한 운동선수를 모아 놓은 광고였다. 마지막으로 보여 준 운동선수는 몸에 산소통을 매단 등반가였는데, 1초밖에 등장하지 않았는데도 그의 잔상이 나를 떠나지 않았다.

산소통을 메고 다니는 산악인에 대한 기사를 얼른 검색해 보니 **고산병**에 대해 자세히 나와 있었다. 등반 고도가 높아질수록 공기 중 산소가 희박해진다. 고산병의 증세로는 구역질, 피로감, 무기력, 혼미한 사고, 불면증이 있다. 이런 생각이 들었다. **지금 내가 바로 저런데! 나도 리더십의 산을 오르다가 병이 난 거야!**

리더십에는 불안이 수반되게 마련이다.

당신은 "하지만 나는 리더가 아닌데"라고 생각할지 모른다. 사실, 당신도 리더다. 리더십의 관건은 영향력이다. 당신도 가정, 친구 사이, 학교나 직장, 지역 사회에서 영향력을 미치고 있다. 공식 리더 직함은 없을지라도 당신의 말과 행동과 존재로 인해 다른 사람의 삶이 달라질 수 있다.

리더의 책임이 커지면 불안도 가중된다.

당신은 직장에서 승진하거나, 학교에서 조별 과제의 리더로 뽑히거나, 새로 부모가 되거나, 연로하신 부모를 돌보기 시작한다. 때로는 위기가 우리를 리더의 자리로 몰아갈 수도 있다. 그러면 소위 **책임 불안**(responsibility anxiety)이 생겨날 수 있다.

고도 변화에 적응하지 못하는 등반가는 산정에 이를 수 없다. 산악인처럼 우리도 리더의 책임 수위가 높아질 때 제대로 순응하지 못하면, 우리의 장기적 영향력은 타격을 입을 것이다. 우리도 '고산병' 때문에 방어에 급급하거나, 안전만 생각하거나, 전략적 결정을 내려야 할 때 지나치게 경직되거나, 너무 수동적이거나, 너무 군림할 수 있다. 그대로 방치하면 리더십을 와해시키는 탈진과 도덕적 실패로 이어질 수 있다. 당신은 이것을 이미 경험했을 수도 있고, 앞으로 그리될 가망성을 지금 느끼고 있을 수도 있다.

노련한 등반가는 고도 변화에 순응하기 위해 베이스캠프에서 멈춘다. 베이스캠프는 산악인이 다음 고도에 오를 준비를 하는 숙영지다. 책임 불안을 다스려 자신을 건강하게 이끌려는 우리에게도 비슷한 베이스캠프가 있다.

베이스캠프 1: 위임. 불안은 자기 몫이 아닌 책임을 짊어질 때 불어난다. 만성 염려, 불쑥 쳐들어오는 생각, 원치 않는 감정으로 고생하는 이들은 대개 독자적인 책임감이 과하다. 자신이 할 바를 다하지 못한다고 느끼고, 성공과 실패가 자신에게 달려 있다고 믿으며, 사람을 실망시키지 않으려 한다. 우리는 내 소관과 다른 사람의 소관을 구분할 줄 알아야 한다.

개인의 선을 그어 책임을 양도하기란 쉽지 않은 일이다. 남들 눈에 자신이 이기적으로 비칠까 봐 두렵기 때문이기도 하다. 하지만 위임이란 내가 더 건강해지기 위해 다른 사람에게 책임을 넘겨주는 것만이 아니라, 그들에게도 최고의 역량으로 기여할 기회를 주는 것이다. 공동의 승리를 위해 팀으로 일하는 것이다. 불안은 "나 혼자서도 거기까지 갈 수 있다"라고 말하지만, 위임은 "함께라면 더 멀리 갈 수 있다"라고 말한다.

베이스캠프 2: 에너지 관리. 불안은 우리가 고갈되고, 짓눌리며, 기쁨이 없을 때 불어난다. 불안에 떠밀리면 더 현명하게 일하는 게 아니라 무조건 더 열심히 한다. 그래서 시간 관리에 집중한다. 시간이 부족할까 두려워 아직 못한 일에 집중하고 언제 끝마칠 수 있을지를 걱정한다. 에너지 관리란 자신의 타고난 강점과 리듬을 배워, 무조건 더 열심히 하는 게 아니라 주어진 시간 내에 더 현명하게 일하는 것이다.

두려움은 우리를 자신의 성공 역량 훨씬 너머로 몰아간다. 하지만 투입량이 많아져도 산출량이 줄어드는 시점이 있다. 이를 '수확 체감의 법칙'이라 한다. 자신에게 좋은 리더가 되려면 시간만 아니라 에너지에 대해서도 계획이 필요하다. 에너지를 관리해야 원하는 성공에 이를 수 있다. 불안은 "더 해 줄 수 있어? 지금 당장?"이라고 묻지만, 에너지 관리는 "이것을 언제, 얼마 동안 하는 게 최선일까?"를 묻는다.

베이스캠프 3: 더 신속한 결정. 리더십의 관건은 정보가 완비되지 않은 상태에서 결정을 내리는 것이다. 우리는 결정을 앞두고 과하게 고민하는 데 익숙해져 있다. 실패를 보는 관점이 부실하기 때문이다. 우리가 생각하는 성공은 실패하지 않는 것이지만, 사실은 그렇지 않다. 충분한 실패를 거쳐서 통하는 답을 알아내는 게 성공이다. 리더의 영향권이 넓을수록 결정은 더 신속해야 한다.

물론 신속한 결정이 졸속이 될 수도 있지만, 리더로서는 졸속이 때로는 우유부단보다 낫다. 불안은 "이게 통할지 잘 모르겠으니 하지 말자"라고 말하지만, 더 신속한 결정은 "시도해 보고 거기서 배우자"라고 말한다.

실천 방안

1. **일정을 자신에게 잘 맞추라.** 당신의 평범한 하루를 생각하면서 다음 질문에 답해 보라. 당신은 아침형 인간인가 저녁형 인간인가? 하루 중 언제 가장 창의적이고, 결정

을 잘 내리며, 잡무 처리가 가장 수월한가? 행동하기 전에 얼마나 미리 생각해야 하는가? 어느 요일, 어느 주, 어느 계절에 가장 생산적인가? 일정에 몇 가지 작은 변화를 주어 당신의 타고난 에너지 리듬에 맞추라. 당신의 두려움의 사다리와 감정 일지에서 이에 대한 유익한 정보를 얻을 수 있을 것이다.

2. **책임을 양도하라.** 가정, 학교, 직장, 기타 삶의 영역에서 당신의 관계를 생각해 보라. 당신이 하는 일이 너무 많은가? 누군가에게 맡길 만한 책임을 하나 고르라. 책임을 양도한다는 개념이 당신에게 불안을 야기한다면, 그거야말로 양도가 필요하다는 좋은 증거다. 자신을 믿으라. 당신은 책임감이 높은 만큼, 필시 그 일을 적임자에게 넘길 것이다. 주저되는 이유는 그들이 무능해서가 아니라 자신의 불안 때문이다. 간단한 일을 골라서 시도하고 어떻게 되는지 보라.

3. **결정 속도를 높이라.** 당신이 미루어 온 결정을 하나 찾아내 결정을 내리라. 그러고 나서 결정하기 전, 하는 동안, 하고 난 후의 생각과 감정을 기록하라. 결정이 더 신속해지려면 당신에게 무엇이 필요할지 파악해 보라. 내 경우, 이를 통해 깨달은 것은 내가 긴 '결정 활주로'를 좋아한다

는 것이다. 나는 가급적 사전에 생각할 시간이 많을수록 더 잘 결정한다. 그러나 머릿속에서 길을 잃을 수도 있다. 내 팀도 내게 "혼자 고민하지 말고 우리도 끼워 주세요"라고 말한다. 이제 나는 사람들과 더 자주 함께 결정하는 법을 배우고 있다.

당신은 할 수 있다!

불안은 우리를 물속으로 잡아당기려는
거센 파도처럼 느껴질 수 있다.
우리는 파도에 집중하기보다
권세로 파도를 다스리시는 분께 집중할 수 있다.

예수와 제자들은 사람들을 가르치고 돌보는 긴 하루를 이제 막 마쳤다. 그분은 가장 유명한 기적 중 하나도 베푸셨다. 소량의 음식만으로 5천 명을 먹이신 것이다. 예수가 제자들을 먼저 집으로 보내셔서 그들은 배를 타고 호수 건너편으로 향했고, 그 사이에 그분은 혼자 기도하러 가셨다.

해가 지고 일행이 호수 한복판을 지나는데, 거대한 풍랑이 몰아쳤다. 그들이 기억하는 그 바다의 마지막 풍랑은 예수와 함께 있을 때였다. 그때는 그분이 기적으로 물결을 잔잔하게 하셨는데, 이번에는 곁에 계시지 않았다.

한밤중에 제자들에게 멀리서 이상한 형상이 보였다. 파도를 따라 걸어오는 형체였다. 그들은 그것이 유령인가 싶었다. 그들 중 하나가 풍랑에 죽어 그 혼령이 저승에서 인사하는 것인가도 싶었다. 아니면 그들 모두가 풍랑에 죽어 저승사자가 그들에게 다가오는 것인가도 싶었다!

그 형체가 배에 가까워지면서 "두려워하지 말라"라는 낯익은 목소리가 들려왔다. 예수였다! 그들 생각에는 그랬다.

제자 중 하나인 베드로는 확실히 알고 싶었다. 그래서 그 유령 같은 형체에게 담대히 외쳤다. "만일 주님이시거든 나를 명하사 물 위로 오라 하소서!"

그 목소리가 응답했다. "오라."

베드로는 어망을 끌어올릴 때 으레 그랬듯이 뱃전을 넘어갔다. 그런데 이번에는 발이 물속에 잠기지 않았다. 마치 굳은 땅인 양 그는 어느새 파도 위에 서 있었다. 그분이 예수가 맞았던 것이다! 베드로는 그분과 눈을 맞추며 그분 쪽으로 물 위를 걷기 시작했다! 기쁨이 두려움보다 컸다.

그러다 무슨 이유에서인지 그는 그분에게서 눈길을 뗐다. 갑자기 몰아치는 찬바람에 주의가 흐트러졌는지도 모른다. 문득 베드로는 자신이 자연의 법칙을 초월해 물 위를 걷고 있음을 깨달았고, 바로 그 순간 그는 물에 빠졌다. 물속으로 가라앉으면서 그는 "주여, 나를 구원하소서!"라고 소리 질렀다. 즉시 자신을 물 밖으로 당기시는 예수의 강한 손길이 느껴졌고, 그는 그분과 함께 배에 올랐다.

그때 예수께서 물으셨다. "왜 의심하였느냐?"

중요한 질문이다.

성경에서 수역은 종종 위험, 신비, 위기와 연계된다. 성경은 물에 덮인 공허하고 혼돈한 땅으로 시작해 노아 홍수, 이집트 군대를 수장시킨 홍해, 욥이 묘사한 통제 불능의 바다 생물, 요나를 삼킨 큰 물고기, 신약의 풍랑 속 난파로 쭉 이어진다. 사도 요한에게 환상으로 계시된 천국에도 하나님의 보좌로부터 강은 흐르지만 바다는 없다!

바이킹족과 달리 고대 히브리인은 해양 민족이 아니었다. 예수의 제자 베드로는 직업이 어부인데도 불구하고, 풍랑이 사나울 때 물속에 발을 내딛지 않을 만큼은 현명했다. 그런데 왜 발을 내딛었을까? 어떻게 걸었을까? 불안정하고 불확실한 예측 불허의 자리로 걸어 나가려면 무엇이 필요할까?

믿음이 필요하다.

믿음은 보는 것에 의존하지 않고, 믿는 것에 의존한다. 베드로는 질환, 불치병, 귀신 들림, 종교 지도층을 주관하시는 예수의 능력을 이미 보았다. 하지만 물 위를 걸으라는 초대는 다른 문제였다. 그는 물에 대한 자신의 지식을 믿은 게 아니라, 부르시는 그분의 말씀을 믿었다.

예수는 베드로에게 허락과 승인만 하신 게 아니라 능력과 힘도 주셨다. 우리에게 무언가를 명하실 때, 그분은 반드시 그 일을 할 만한 준비도 갖추어 주신다! 베드로의 능력은 그분과의 관계에서 왔다. 그에게 "오라" 하실 때 예수는 "나와 함께라면 너도 할 수 있다"라고 말씀하신 셈이다. 이로써 그 이후에 벌어진 일이 설명된다.

베드로는 예수 대신 다른 데로 주의를 돌리면서부터 물에 빠졌다. 초점을 잃자 주님보다 문제를 더 의식했다. 이렇게 그는 풍랑에 통제권을 내주었고, 그러다 가라앉을 뻔했다. 그를 탓할 수는 없다. 그는 밤새 배를 가라앉지 않게 하느라 잔뜩 지쳐 있었다. 피로는 우리의 집중력을 떨어뜨릴 때가 많다.

다행히 모두가 집중력을 잃은 건 아니었다. 베드로는 초점을 다른 데로 옮겼지만, 예수는 그러지 않으셨다. 으레 그렇듯이 그분은 준비하고 계시다가 바로 도우셨다. 미지의 영역에서 예측 불허의 위험과 위기가 닥쳐왔을 때, 예수는 상황을 주관하시며 베드로에게 신실하셨다. 그분은 우리에게도 똑같이 해 주신다.

불안은 거센 파도와 아주 비슷하다. 예수는 기적으로 파도를 잔잔하게 하실 때도 있지만, 대부분은 우리를 초대해 그 위를 걷게 하신다. 믿음이 있다고 해서 불편함이나 문제나 주관적 위협이 사라지지는 않는다. 다만 믿음 덕분에 우리는 생각과 감정이 걷잡을 수 없이 밀려올 때도 계속 예수께 집중할 수 있다. 불안에 주목할수록 불안이 우리를 물속으로 잡아당길 소지가 높다.

오래전, 아들 이선과 나는 캘리포니아주 북부의 JH 랜치라는 캠프에 갔다. 모험을 통해 부모와 십 대 자녀의 유대를 강화해 주기 위한 캠프였다. 하루는 일단의 아버지들과 아들들이 15미터 상공에서 밧줄 타기를 했다. 모두 안전하게 몸을 줄로 묶은 후에 아들이 팽팽한 밧줄 위를 뒷걸음으로 이동하면서 아버지를 자기 쪽으로 유도하는 방식이었다. 이선은 운동 신경이 뛰어난 데다 균형 감각도 좋다. 그가 뒷걸음으로 저만치 가더니 내게 자기 쪽으로 오라고 했다. 내가 첫발을 내딛는 순간 밧줄이 흔들리기 시작했다. 나는 기겁했다. 발밑의 밧줄을 볼수록 더 균형을 잡으려는 바람에 밧줄이 더 흔들렸다.

그러자 아들이 목소리에 권위를 실어 말했다. "아빠, 저를 보세요. 밧줄을 보지 말고 저를 보세요. 아빠도 할 수 있어요." 나는 아들이 하라는 대로 했다. 내 무섬증과 과한 고민에도 불구하고 우리는 해냈다! 밧줄이 아니라 아들에게, 내가 아니라 그에게, 내 머릿속의 불안한 목소리가 아니라 그의 목소리에 주목한 게 가장 큰 도움이 되었다.

이것이 물 위를 걸은 베드로에게서 배우는 교훈이다. 계속 예수를 바라보는 것이 곧 전진의 길이다. 피곤하고 무섭고 가라앉는 심정일 때 우리의 손을 내밀면, 그분이 꼭 붙들어 주시면서 우리가 혼자가 아니라 사랑받는 존재임을 일깨워 주신다.

실천 방안

1. **당신의 배는 무엇인가?** 예수께서 당신에게 거기서 걸어 나와 그분께 더 가까이 오라고 초대하시는 그 안전지대는 어디인가? 어쩌면 당신의 직업이 안정되어 있는데, 그분이 당신을 다른 분야로 부르실 수도 있다. 당신의 스케줄이 안정적인데, 그분이 새로운 무엇을 시작하라고 하실 수도 있다. 현 수준의 불안이 편안한데, 그분이 당신에게 한 차원 더 깊은 노출을 바라실 수도 있다.

2. **당신의 풍랑은 무엇인가?** 당신의 주의를 예수가 부르시는 믿음의 걸음에서 가장 벗어나게 할 만한 것은 무엇인가? 다른 사람의 평가인가? 돈 걱정인가? 무지의 영역에 대한 두려움인가? 머릿속에서 들려오는 자멸의 목소리인가? 창피당할 가능성인가? 과거의 트라우마나 실패에 대한 기억인가?

3. **어떻게 예수께 계속 집중할 수 있는가?** 계속 그분을 바라보기 위해 당신의 행동과 일정에 어떤 실제적인 변화를 줄 수 있는가? 부정적인 면에 덜 집중하는 것인가? 하루 중에 수시로 잠깐씩 영적 휴식을 취하는 것인가? 이메일이나 SNS를 다루는 방식을 바꾸는 것인가? 성경을 매일 읽는 것인가? 신앙 공동체에 꾸준히 참여하는 것인가?

억척 상을 노리라

불안은 실패에 대한 두려움을 일깨운다.
고생을 기회로 볼 줄 알면
인격이 성장하고 복원력이 더 강해질 수 있다.

내 큰아들 에이사(Asa)는 어려서부터 자신에게 공학자의 기질이 있음을 알았다. 그가 이과 교과 과정(과학, 기술, 공학, 수학)을 중심으로 운영하는 고등학교에 들어갔을 때, 우리는 열광했다. 제작 실험실, 전문가 멘토들, 왕성한 로봇 공학 팀을 갖춘 학교였다. 똑똑하고 의욕적인 에이사는 내심 학교의 연례 시상식 날을 고대했다. 그런데 막상 그날 그에게 수여된 상은 이른바 '억척 상'(Grit Award)이었다.

그 상에 대한 학교 측의 설명은 이랬다.

억척 상은 기대 이상으로 분발해 새로운 도전에 맞선 학생, 결과 없이 물러설 법한 상황에서 전진할 기회를 모색한 학생, 어려움을 겪었지만 끈기 있게 교사 면담 시간을 활용하거나 수업 시간에 질문하거나 배우는 내용을 긍정적으로 학습하는 태도를 유지한 학생에게 수여된다.

아들은 약간 실망했다. 최고 성적을 받거나, 우등생 명단에 오르거나, 지식과 학업 성취를 인정받고 싶었기 때문이다.

흔히 우리는 자신을 객관적 기준으로 평가하려 한다. 자신의 가치나 성취를 다른 사람의 외면적 성취와 비교해서 등급을 매긴다. A학점을 받았거나 수석을 했거나 최고점 기록을 깼는지 여부로 자신을 판단한다. 우리 문화는 결승선에 1등으로 들어오는 사람에게 상을 준다. 그 결과 많은 사람이 성공에 이르는 성품의 자질, 즉 절제, 인내, 성실, 선, 기쁨 같은 자질을 중시하지 않는다. 내가 알기로 자신을 평가하는 더 좋은 방법이 있다. 즉, 우리에게 '억척'이 있는가?

억척(grit)이란 단어는 돌멩이나 자갈을 뜻하는 고대 색슨어 낱말에서 유래했다. 견뎌 낼 줄 아는 억센 사람을 비유하는 말이기도 하다. 억척스러운 사람은 안락이 성장의 걸림돌임을 안다. 그래서 늘 새롭게 전진한다. 그들은 결코 안주하지 않고 고생을 지속적 성공의 길로 보는 개척자다.

억척에서 중요한 것은 확고한 뜻이다. 끝이 보이지 않아도 계속 가겠다는 결의다. 달리는 과정 자체를 결승선 통과 못지않게 즐기는 것이다. 감정과 지난 실패의 모호한 메시지에 흔들리지 않는 억센 정신이다. 승리를 통한 변화보다 패배를 통한 변화가 더 많음을 볼 줄 아는 눈이다.

불안을 다스리는 일에 관한 한 억척 상을 노리라.

당신이 이 책을 거의 끝마친 것도 억척이 있어서다! 억척 상에 대한 설명을 훑어보면서, 그것이 당신에게 어떻게 적용되는지 보자.

당신은 새로운 도전에 나섰다. 불안에 대한 당신의 인식은 이 책을 시작할 때보다 훨씬 깊어졌다. 당신은 불안에 지배당하지 않기로 결단했다. 불쑥 쳐들어오는 생각과 원치 않는 감정을 그 실체대로—당신을 피해로부터 또는 과거가 남긴 무익한 메시지로부터 보호하려는 뇌의 시도로—인식하기 시작했다. 내면의 그런 메시지 중 일부는 그 기원과 목적이 설명되지 않는다. 그래도 당신은 당황하지 않기로 했다. 자신이 감정으로 규정되지 않음을 상기한다. 당신은 또한 건강해지기 위한 새로운 기술도 시도하는 중이다. 쉽지 않은 일이지만 당신은 하고 있다!

당신은 물러설 법한 상황에서 전진하고 있다. 이 책을 진작 내려놓을 수도 있었다. 아마 실제로, 그것도 여러 번 내려놓았을 것이다! 그래도 괜찮다. 결국 여기까지 왔고 매사를 다르게 보기 시작했으니 말이다. 물론 당신의 기존 행동과 습관이 지금도 더러 (또는 많이) 남아 있을 것이다. 아직도 옛날 사고방식에 굴하고 싶어질 것이다. 하지만 당신은 바른 방향으로 가고 있다. 바라기는, 이 책을 통해 변화되는 중이다. 이 책의 일부 원리를 딱 한 번 시도한 것만으로도 당신 뇌의 화학 반응이 좋은 쪽으로 바뀌기 시작했다. 속도가 생각보다 느릴지 모르지만, 당신은 진전을 이루는 중이다. 당신은 하고 있다!

당신은 인내하며 긍정적 태도를 유지하고 있다. 당신이 불안한 이유는 매사가 자신이 믿기에 마땅히 돌아가야 할 방식대로 돌아가지 않기 때문이다. 당신은 최선을 원하고, 최선을 믿는 소망의 사람이다. 지난 세월 당신의 뇌는 긍정적인 면보다 부정적인 면을 더 많이 보도록 학습되었다. 이제 당신은 하나님께 당신을 위한 다른 계획이 있음을 안다. 그래서 믿음과 소망을 품고 앞을 내다보려 힘쓴다. 정서적 복원력도 더 강해지고 있어, 원치 않는 감정 때문에 무력해지지 않는다. 이 책에 스트레스가 되는 힘든 부분도 있지만, 당신은 이렇게 끝까지 왔다.

중요하게 기억해야 할 것은 진전의 방식과 속도가 사람마다 다르다는 것이다. 어떤 독자는 좋은 쪽으로 조금씩 나아가고 있고, 어떤 독자에게는 이미 큰 돌파구가 열렸다. 중요한 것은 당신이 노력하고 있다는 것이며, 억척 상도 그래서 받는 것이다!

억척 삶에서 중요한 것은 당신이 무엇을 성취했느냐가 **아니라** 당신이 어떤 사람이냐는 것이다. 이 책의 각 장 제목을 다시 보면 알겠지만, 나는 제목을 현재 시제로 썼다. 일부러 그랬다. 그것은 완수해야 할 일의 항목별 점검표가 아니라, 억척스러운 사람들에게 계속 연습하자고 건네는 초대다.

내 친구 중에 철인 삼종 경기를 완주하는 그야말로 철인 운동선수가 있다. 그가 나를 (물론 관객으로서) 경기에 초대한 적이 있다. 그가 수영하고 자전거를 타고 마라톤을 하는 동안, 나는 다른 참가 선수들의 친구며 가족과 함께 어울려 하루를 보냈다. 모든 주자가 저마다의 속도로 결승선에 가까워지기 시작하자 어디서 이상한 소리가 들렸다. 소의 목에 다는 방울 소리였다!

경주 막바지에 방울을 울리는 전통은 지친 주자들에게 조금만 더 힘을 내라고 응원하는 상징적 방법이다. 방울을 파는 작은 판매대가 보이기에 나도 하나 사서 친구를 기다렸다. 그리고 친구가 지나갈 때 열심히 방울을 울렸다! 그가 무척 자랑스러웠다. 우승하거나 등수 안에 들어서가 아니라, 정말 열심히 노력하고, 인내하며, 넘어져도 다시 일어나고, 내면의 모든 것이 "포기하라"라고 말할 때도 끝까지 달리는 자제력을 가졌기 때문이다.

당신도 포기하고 싶을 수 있다.

하지만 당신에게 꼭 알리고 싶은 게 있다. 내가 당신을 위해 방울을 울리고 있다는 사실이다.

실천 방안

1. **도전을 성장의 기회로 보라.** 당신 앞에 놓인 가장 큰 도전들을 짤막하게 열거하라. 각 도전을 기회로 바꾸어 표현하라. 예컨대, "통제 욕구가 강한 가족 구성원을 상대해야 한다"는 "사랑하면서도 강건하게 나다워질 수 있는 기회다"로 바뀔 수 있다. 삶의 관건은 성장이며, 성장은 도전을 통해서만 이루어진다.

2. **겉보기의 객관적 성취로 자신을 평가하지 않도록 주의하라.** 평점, 마감 날짜, 대차대조표 같은 객관적 기준을 피할 수는 없다. 그러나 자신을 다른 사람의 성공 총량과 비교해서 평가할 게 아니라, 각 상황을 성령이 당신 안에 그리고 당신을 통해 일하실 수 있는 기회로 보라. 갈라디아서 5:22-23에는 성령이 우리의 성품 속에 자신을 나타내기 원하시는 방식이 열거되어 있다. 그 본문을 천천히 살펴보면서 '풍성한 열매'를 맺을 방도를 모색하라.

3. **넘어졌을 때 신속히 일어나는 법을 배우라.** 기회를 놓칠

때도 있고, 자신의 선택이 나중에 비참하게 느껴질 수도 있다. 다시 일어나 계속 가라. 잠언 24:16에는 이런 말씀이 있다. "대저 의인은 일곱 번 넘어질지라도 다시 일어나려니와." 자신의 성공을 평가할 때, 실수의 횟수가 아니라 실수를 어떻게 만회했는지를 기준으로 삼으라.

30

기쁜 소식을 믿으라

종교는 하나님과의 관계가
당신에게 달려 있다고 믿게 만들어
불안을 야기할 수 있지만,
하나님은 영적 불안을 치료해 주신다.

나는 딱히 신앙이 없는 가정에서 자랐다. 내가 종교를 처음 제대로 접한 것은 아이들을 위한 동네 교회의 여름 프로그램에 초대받았을 때였다. 거기서 게임도 하고, 성경 이야기의 복장도 입고, 의무적으로 예배에도 참석했다. 어린 나이에 예배 시간에 끝까지 앉아 있느라 따분해 죽을 뻔했다. 종교는 내게 별로 와 닿지 않았다.

내게 중요했던 다음번 종교를 접한 순간은 아빠가 아프던 때였다. 내 기억에 그때 난생처음 기도했다. "하나님, 하나님이 계시다면 우리 아빠를 낫게 해 주세요. 그러면 제 일생을 바쳐 하나님이 원하시는 대로 다 할게요." 아빠는 1년 반 후에 돌아가셨다. **다 소용없구나.** 그런 생각이 들어 거의 10년 동안 다시는 기도하지 않았다.

고등학교 때 나는 첫 종교 체험을 했다. 어느 늦은 밤, 하고많은 곳 중 하필 여자친구의 방에서였다! 여자친구가 잠시 방을 나갔는데, 문이 닫히는 순간 벽 위에 있는 십자고상이 눈에 띄었다. 즉시 종교적 죄책감이 들면서 머릿속에 이런 메시지가 들려왔다. "제이슨, 이 아이는 내 딸이니라." 이런! 나는 신앙인도 아니었건만 불현듯 하나님의 노여움을 산 것 같은 기분이었다!

내 삶은 대학에서 근본적인 변화를 맞이했다. 나는 방대한 공부 분야—종교 교육—를 놓치고 있다는 생각에 종교철학 과목을 신청했다. 그 수업의 시작을 기다리던 어느 오후, 푸른 풀밭과 파란 하늘을 보다가 묘하게 그 아름다움에 매료되었다. 그 순간, 내 눈에 보이는 모든 아름다움의 배후에 누군가가 있다는 확신이 저절로 들었다.

그 경험을 계기로 나는 지난 세월 동안 내가 일종의 영적 '줄다리기'를 해 온 이 신비의 존재를 찾기 위한 영적 추구를 시작했다. 우선 지극히 자연 중심의 여러 영성부터 시작했다. 환경 단체 그린피스, 지구에 기초한 종교들, 자연주의 철학을 들여다보았으나 그중 어느 것도 아주 인격적이었던 나의 그 경험과 공명하지 않는 것 같았다. 결국 나는 어쩌다 전혀 뜻밖의 장소에 이르렀다. 로스앤젤레스 중남부의 작은 흑인 교회였다. 창살이 달린 창문 너머에서 사람들이 탬버린을 치며 노래했고, 꼭 예수를 직접 아는 것처럼 그분에 대해 말했다! 거기서 나는 하나님이 나를 사랑하신다는 기쁜 소식을 듣고 내 영적 추구의 답을 얻었다.

이것이 불안과 무슨 관계가 있을까?

'하나님과의 관계가 바른지' 염려스러웠던 적이 있는가? 저지른 잘못을 용서받지 못한 것 같아 불안했던 적이 있는가? 천국(만약 있다면)에 들어갈 자격이 안 될까 봐 걱정될 때가 있는가? 어쩌면 당신도 종교적 염려가 있는데 재빨리 그것을 일축하거나 무시하거나 합리화하는지도 모른다.

많은 사람이 모종의 영적 또는 종교적 불안을 가지고 있다.

일부는 **과민성 양심**(scrupulosity)이라는 일종의 강박장애로 고생한다. 과민성 양심이란 하나님을 향한 사랑과 헌신의 영적 표현이 불안을 달래려는 강박으로 변질된 상태다. 그들은 자신이나 타인을 죄에 빠뜨릴 만한 상황을 피하는 데 과도히 매달릴 수 있다. 영적 보호를 확보하려고 성경을 암송하거나 하나님과 서원 계약을 맺는다. 또는 자신의 영적 불순물을 제하려고 (자백, 정화 기도, 축사 기도 같은) 정결 의식에 지나치게 몰입한다. 예정론, 영적 전투, 종말론 등 신학의 특정 분야에 병적으로 집착할 수도 있다.

이처럼 신앙과 불안이 서로 교착할 때, 우리는 하나님의 기쁜 소식이 우리의 불안보다 크다는 사실을 가만히 상기할 수 있다. 내게 전해진 그 기쁜 소식을 나는 다음과 같이 요약한다.

당신은 하나님의 선한 창조 세계의 중요한 일원이다. 하나님이 지으신 이 아름다운 세상에 당신만의 특별한 자리가 있다. 당신은 그분의 형상대로 지어졌다. 이는 당신이 다른 어느 피조물과도 비교할 수 없는 명예, 존엄, 재능 그리고 어느 정도의 권세를 가지고 있다는 뜻이다. 이는 당신이 무엇을 했거나 하지 않았기 때문이 아니다. 당신은 하나님의 사랑으로 창조되었기에 소중한 존재다. 바로 그 창조주가 당신과의 인격적 관계를 원하신다. 당신을 지으신 분과 관계를 맺으면, 당신의 불안을 다스리고 삶의 목적을 찾으며 충만한 내세를 누리는 데 도움이 된다.

당신이 속해 있는 세상은 하나님과 어긋나 있다. 우리 주변에 선한 것도 많지만, 세상은 이제 하나님의 계획대로 돌아가지 않는다. 고생, 망가진 모습, 불의가 우리에게 이를 확인해 준다. 우리는 하나님의 선물인 자유 의지로 잘못된 길을 선택한다. 아담과 하와의 오랜 이야기는 자율에 맡겨진 인류가 어떻게 제멋대로 살아갈 수 있는지를 보여 주는 기념물이자 전형이다. 본능으로나 의지로나 우리는 하나님을 등지고 떠나가는데, 예수는 이것을 '죄'라 칭하셨다. 죄는 영적인 병과 같아서 우리를 '죄인'이자 '죄의 대상'으로 만든다. 다행히 희망이 있다!

하나님이 우리를 위해 싸우시고 우리를 찾아오셨다. 인류의 영적 갈망이 오랜 세월 이어지던 중 놀라운 사건이 벌어졌다. 하나님이 인간 예수로 자신의 창조 세계 속에 들어오신 것이다. 예수는 십자가에서 죽으심으로써 당신에게 하나님의 이타적 사랑을 보여 주셨다. 당신의 죗값을 대신 치르시고, 세상의 모든 악과 불의와 상처를 친히 짊어지시며, 그것의 권세를 멸하시고, 용서와 소망의 새로운 문을 여셨다. 예수는 하나님의 대하드라마인 인류사의 피날레다. 이제 우리는 그분이 자신의 부활을 통해 들여오신 새로운 삶과 새 나라에 속할 수 있다.

우리는 하나님의 새로운 창조 세계의 일원으로 초대되었다. 이제 우리는 더 경건해지려고 초조하게 애쓰거나, 죄를 '충분히 뉘우쳤는지' 늘 확인하거나, 자신의 나쁜 행실을 능가할 만큼 선행을 쌓으려 하지 않아도 된다. 하나님은 우리를 예수가 창조하고 계신 완전한 신세계의 일원으로 초대하신다. 여기 아이러니한 반전이 있으니, 곧 새로운 삶에 이르려면 자신의 결함을 통과해야 한다는 것이다. 예수와 함께하는 새로운 삶은 확실성이 아니라 하나님을, 예측 가능성이 아니라 믿음을, 완벽주의가 아니라 안식을 받아들이라는 초대다. 그러려면 종교와 관련된 불안을 하나님께 없애 달라고 하기보다 은혜로우신 그분을 우리 곁에 모셔야 한다.

예수 시대 사람들은 종교적 불안에 시달렸다. 소가 밭을 갈 때 어깨에 무거운 나무 멍에를 메듯이 그들의 '멍에'는 죄책감, 수치심, 종교적 의무, 하나님과의 거리감이었다. 그들은 자신이 자격 미달이라고 느꼈지만, 예수는 종교적 불안에 짓눌린 그들을 사랑으로 초대해 활력을 주셨다. 이는 바로 우리를 위한 초대이기도 하다.

그분은 이렇게 말씀하셨다. "수고하고 무거운 짐 진 자들아, 다 내게로 오라. 내가 너희를 쉬게 하리라. 나는 마음이 온유하고 겸손하니 나의 멍에를 메고 내게 배우라. 그리하면 너희 마음이 쉼을 얻으리니 이는 내 멍에는 쉽고 내 짐은 가벼움이라"(마 11:28-30).

이것이 기쁜 소식이다!

실천 방안

1. **기쁜 소식을 받아들이라!** 이런 식으로 간단히 기도해 보라. "하나님, 하나님이 저를 지으신 것과 저를 사랑하심

을 믿습니다. 저는 흠이 많고 망가진 사람입니다. 예수를 보내셔서 죽으시고 다시 살아나게 하셨으니 감사합니다. 저의 죄를 용서해 주소서. 하나님께 제 삶을 주관하실 권한을 드립니다. 저를 사랑해 주시고 하나님 안에서 새로운 피조물로서 활짝 피어나도록 도와주시니 감사합니다." 당신의 이 결단을 누구에게 말하면 좋을지 찾아보라.

2. **당신의 정체성을 종교적 불안에서 찾지 말고 당신을 향한 하나님의 사랑에서 찾으라.** 우리의 행동은 정체성에서 흘러나온다. 그 반대가 아니다. 에베소서 1:1-14을 읽어 보라. 신약의 한 편지에 나오는 이 대목은 우리에게 깨달음을 준다. 이 말씀은 하나님과 관계를 맺는다는 게 어떤 의미인지를 스무 가지 정도로 묘사한다(예. 죄 사함, 택하심, 자기 자녀가 되게 하심). 그중 몇 가지나 찾을 수 있는지 보라! 당신에게 가장 공감되는 것은 무엇인가? 불안할 때 그것이 당신에게 어떻게 도움이 되겠는가?

맺는말

2년 전에 내게 불안을 다스리는 데 도움이 되는 취미가 새로 생겼다. 재활용 금속과 망가진 시계 부품으로 손에 쥘 만한 크기의 십자가를 만드는 것이다. 주말에 가정집 알뜰 시장에 다니며 재료를 건진다. 어느 연로한 땜장이가 돌아가시면서 차고 가득히 녹슨 너트며 볼트며 무언지 모를 고철을 잔뜩 남기면, 나는 물 만난 물고기가 된다! 아무도 원하지 않는 물건이 내게는 그만이다.

이 십자가들을 나는 구속(救贖)된 십자가라 부른다. **구속**이란 단어는 회복하거나, 되찾거나, 더 좋은 것으로 교환한다는 뜻이다. 이 십자가들의 배후에는 하나님이 으레 우리 삶의 망가지고, 버려지며, 달갑잖은 부분을 취해 무언가 아름다운 것을 만드신다는 개념이 깔려 있다.

나는 모든 십자가를 각기 독특하게 만든다. 하나하나 모양도 다르고, 내가 원하는 결과가 나올 때까지 걸리는 시간도 다르다. 또한 이 십자가들은 불완전하다. 저마다 마모되어 생채기와 흠이 있다. 이 불완전함은 완전함이 하나님만의 몫임을 일깨워 준다.

내가 만드는 십자가들은 내 불안의 여정을 환기시킨다. 나도 독특하고 불완전하다. 나는 내 자신의 이 두 가지 특성을 받아들이는 법을 배우는 중이다. 당신에게도 그것을 받아들이도록 권하고 싶다.

**당신은 독특하고
불완전하다**

당신은 독특하다. 불안 때문에 고생하다 보면 자신이 혼자이고 남들과는 다르다고 느껴질 수 있다. 자신을 혼자이거나 다르다고 보기보다, '독특하다'라는 단어를 써 보라. 이 단어는 누구와도 다르게 유일무이하다는 뜻이다. 그 독특함 덕분에 당신은 당신다워질 수 있고, 최고 버전의 자신이 되는 법을 알아낼 수 있다.

유대교에 이런 오래된 우화가 있다. 어떤 사람이 성장기에 회당에 다니며 위대한 지도자 모세에 대해 들었다. 어려서부터 그는 모세처럼 되고 싶었다. 그래서 히브리 민족의 이 명망 있는 영적 지도자를 본받아 살고자 평생 열심히 노력했다. 그가 죽어서 하나님께 여쭈었다. "저는 꼭 모세처럼 되려고 혼신의 노력을 다했는데, 하나님이 자랑스러워하실 만한 정도가 되었는지요?"

그러자 하나님은 이렇게 대답하셨다. "나는 네가 모세처럼 되기를 원하지 않고 너다워지기를 원했느니라."

하나님은 우리를 불러 우리다워지라 하신다. 아예 최고의 자아가 되라 하신다. 그렇게 되려면, 우리가 예수를 받아들이고 그분의 용서, 능력, 사랑이 우리를 통해 흘러 나가게 해야 한다. 하나님은 우리 각자를 그분의 형상대로 지으셨고, 그분의 대가족 안에서 독특한 자리를 주셨다.

당신이 자꾸 무리한 존재가 되려 하거나 자신을 남들과 비교하려 하거나 실수 때문에 자책하려 하거든, 자신이 독특한 존재임을 상기하라. 하나님은 당신을 사랑하시며, 당신 안에서 일하고 계신다!

당신은 불완전하다. '불완전하다'는 말이 당신에게는 금기어일지도 모른다. 불안 문제 때문에 그동안 당신의 망가진 미완의 부분이 부각되어 보였다. 그러나 완전성은 가혹한 폭군이다. 완전성은 "너의 약점은 나쁜 것이고 실수는 너를 괴롭힐 것이다. 너는 근본적으로 잘못되어 있다"라고 말한다. 모두 거짓말이다.

약점은 우리에게 다른 사람이 필요함을 일깨워 준다. 실수 덕분에 우리는 다소곳이 배우고 성장할 수 있다. 그 잘못되어 있다는 느낌은 우리를 사랑하시는 하나님과 더 친밀해지라는 초대다. 우리는 불완전함을 용납하는 정도가 아니라 끌어안아야 한다.

완전해야 한다는 부담감이 들거든 하나님께 넘겨 드리라.

당신이 정확히 바르게 말하고 단번에 옳게 행동하려고 쏟아붓는 모든 에너지를 전환해, 다른 사람에게 솔직해지고 과감히 약한 모습을 보이는 데 쓰라.

작정하고 '불완전주의자'가 되자. 우주에 완전하신 인격체는 하나뿐이며, 그분은 당신을 있는 그대로 사랑하신다. 불완전함을 바로 그 사실에 대한 아름다운 환기 장치로 보자.

이제 당신에게 마지막으로 권하고 싶은 게 있다.

당신만의 마음 돌봄 안내서를 만들라

서두에 언급했듯이, 이 책은 내게 가장 도움이 되었던 메모와 깨달음의 산물이다. 내 삶을 변화시킨 건강한 습관을 담아낸 것이다. 이제 당신 차례다. 읽고 듣고 아이디어를 모아서 당신에게 통하는 게 무엇인지 보라. 당신에게 도움이 되는 내용을 메모해 늘 가까이 두라. 당신만의 마음 돌봄 안내서를 만들라!

당신의 마음 돌봄 안내서가 어떤 내용이든 관계없이, 기초는 내가 머리말에 소개한 네 가지 원리에 두어야 한다. 여태 우리가 함께 지낸 시간 동안 그것들이 당신 삶에 더 깊이 자리 잡았기를 바란다. 다시 한번 살펴보면 이렇다.

- **정상화**: 불안이란 자연스러운 것이로되 다만 건강하지 못할 수 있음을 받아들이라.
- **노출**: 두려움을 피하기보다 이해하고 부딪치라.
- **습관화**: 새로운 기술들을 활용해 두려움에 둔감해지라.
- **관리**: 건강한 방식을 찾아내 자신과 타인을 향한 하나님의 사랑을 경험하라.

이것이 당신 삶에서 어떻게 진행되고 있는가? 이런 원리를 당신의 매일, 매주 또는 매년의 일상에 어떻게 통합할 수 있는가? 이 원리들을 받아들임으로써 그동안 당신의 불안한 생각과 감정에 어떤 진전이 있었는가? 그 진전을 어떻게 건강한 방식으로 경축할 수 있는가?

여정은
계속된다

"예수를 한 단어로 표현한다면 어떻게 표현하시겠습니까?"

고 달라스 윌라드(Dallas Willard)가 빌 골티어(Bill Gaultiere)에게 던진 질문이다. 달라스 윌라드는 서던 캘리포니아 대학교 철학 교수이자 인식론과 영성의 전문가였다. 빌 골티어와 그의 아내 크리스티(Kristi)는 둘 다 캘리포니아주 남부에서 활동하는 심리학자로서, 기관을 설립해 리더들을 상담하고 코치하며 수련회를 개최하고 있다.

예수를 한 단어로 표현한다? 빌은 생각해 보았다. 머릿속에 떠오른 단어는 **사랑**, **거룩하심**, **스승**, **치유자**였다.

오랜 침묵이 흐른 뒤에 윌라드가 내놓은 단어는 "느긋하다"였다.

빌은 "달라스 윌라드에게 듣는 간단한 스트레스 해소법"이라는 블로그 게시물에 **느긋하다**는 자신이 고려해 본 적이 없는 단어라고 밝혔다. 나도 이 단어를 고려해 본 적이 없다. 그러나 적절한 단어다. 예수는 느긋하셨다. 그렇다고 그분이 초연하고 냉담해 상황에 영향을 받지 않으셨다는 뜻은 아니다. 그분은 인간의 희로애락을 모두 경험하셨고, 복잡한 관계 속에서 사셨으며, 일생의 사명을 담대히 이루시기 위해 크게 고난을 당하셨다. 다만 이 모두에 내면의 평안과 의지로 임하셨는데, 그것이 "느긋하다"라는 말로 가장 잘 묘사된다.

어떻게 우리도 예수처럼 '느긋할' 수 있을까? 나는 자꾸 '해야 할 일'의 목록을 만들어 내려 든다. 특정 기술만 통달할 수 있다면 내 불안이 아주 사라질 줄로 생각하는 것이다. 하지만 이는 현실성이 없을뿐더러 성경적이지도 않다!

두려움, 불안, 불확실성은 다 우리 삶을 향한 하나님의 계획에서 한자리를 차지한다. 다만 가운데 자리가 아닐 뿐이다. 여태 우리가 살펴본 건강한 습관들은 원치 않는 생각이나 감정을 몰아내기 위한 자구책이나 속답이 아니라, 계속 예수를 따르라는 초대다.

폭포로 가는 길처럼 불안의 장기 치유도 다른 사람이 앞서 발견한 길이자 우리가 직접 찾아야 할 길이기도 하다. 당신은 실수하고, 되돌며, 새것을 시도할 것이다. 길이 모호할 때면, 계속 귀를 기울이라고 격려해 주고 싶다. 그러면 은혜와 사랑이 담긴 과감하고도 절제된 초대가 끊임없이 들려올 것이다. 곧, 불확실성 속에서 느긋하게 활짝 피어나라는 초대다.

이 여정에 나와 동행해 준 당신에게 감사한다. 당신이 아는 이들 중에 만성 염려, 불쑥 쳐들어오는 생각, 원치 않는 감정으로 힘들어하는 사람이 있다면, 이 책을 권해 주기 바란다. 당신은 그들이 각자의 길을 헤쳐 나가도록 도울 수 있다. 당신이 배우고 있는 내용으로 도우면 된다.

염려하는 사람에게 주시는 예수의 말씀을 상기하며 마무리하자.

그러므로 내가 너희에게 이르노니 목숨을 위하여 무엇을 먹을까, 무엇을 마실까, 몸을 위하여 무엇을 입을까 염려하지 말라. 목숨이 음식보다 중하지 아니하며 몸이 의복보다 중하지 아니하냐. 공중의 새를 보라. 심지도 않고 거두지도 않고 창고에 모아들이지도 아니하되 너희 하늘 아버지께서 기르시나니 너희는 이것들보다 귀하지 아니하냐. 너희 중에 누가 염려함으로 그 키를 한 자라도 더할 수 있겠느냐.

또 너희가 어찌 의복을 위하여 염려하느냐. 들의 백합화가 어떻게 자라는가 생각하여 보라. 수고도 아니하고 길쌈도 아니하느니라. 그러나 내가 너희에게 말하노니 솔로몬의 모든 영광으로도 입은 것이 이 꽃 하나만 같지 못하였느니라. 오늘 있다가 내일 아궁이에 던져지는 들풀도 하나님이 이렇게 입히시거든 하물며 너희일까 보냐. 믿음이 작은 자들아.

그러므로 염려하여 이르기를 "무엇을 먹을까, 무엇을 마실까, 무엇을 입을까" 하지 말라. 이는 다 이방인들이 구하는 것이라. 너희 하늘 아버지께서 이 모든 것이 너희에게 있어야 할 줄을 아시느니라. 그런즉 너희는 먼저 그의 나라와 그의 의를 구하라. 그리하면 이 모든 것을 너희에게 더하시리라.

그러므로 내일 일을 위하여 염려하지 말라. 내일 일은 내일이 염려할 것이요 한 날의 괴로움은 그날로 족하니라.

(마 6:25-34)

감사의 말

IVP팀 전원, 특히 이선 매카시(Ethan McCarthy), 레이철 헤이스팅스(Rachel Hastings), 로리 네프(Lori Neff)에게 감사한다. 그들이 내 손을 잡고 성심껏 이끌어 준 덕분에, 고도로 전문적인 과정이면서도 청량하게 영적인 과정을 잘 마칠 수 있었다. 내 여정을 지혜와 은혜와 인내로 품어 준 그들에게 진심으로 감사한다.

션 모건(Sean Morgan)과 내 소그룹 동지들에게 깊이 감사한다. 그들은 내가 가장 힘들 때마다 함께 있어 주었고, 신앙과 사역의 이 새로운 시기에 내 길을 찾도록 도와주었다. 의견을 듣고 정리할 수 있는 시간과 자리를 내주어 고맙다. 무엇보다 그들의 전우가 될 수 있어 나로서는 큰 영광이다.

한밤중에 내 전화를 받아 주는 동역자들에게 감사한다. 브레이디 보이드(Brady Boyd) 목사의 현명한 조언과 따뜻한 마음에 힘입어 수많은 도전의 시기를 통과할 수 있었다. 자신의 삶을 내게 열어 보인 그에게 감사한다. 컨버지(Converge) 사역 기관의 스콧 라이다웃(Scott Ridout)은 코치처럼 내가 계속 전진하도록 밀어주었다. 나의 영적 아버지인 빌 앵커버그(Bill Ankerberg) 목사는 우리 교회에만 아니라 내게도 과도기의 목사가 되어 주었다. 내 치유 여정이 다음 단계로 올라서야 함을 깨우쳐 준 데이비드 해리스(David Harris)에게도 감사한다.

내가 불안에 부딪친 시기는 마침 저니 오브 페이스 교회의 리더로 새로 부임했을 때였다. 불안한 나와 알게 모르게 함께 있어 준 교인들에게 한없이 죄송한 마음과 더불어 깊은 감사를 전한다. 많은 교인이 보았듯이, 나는 불안에 대해 장황하게 말하거나, 내 불안을 너무 많이 털어놓거나, 불안 때문에 겁에 질리고는 했다. 친절하고 솔직하게 대해 주고, 사과를 받아 준 그들에게 감사한다. 힘들 때마다 곁을 지켜 준 임원진과 장로들에게 특히 감사한다. 다른 사람들을 돕기 위한 이 책도 그들 덕분에 쓸 수 있었다.

특별한 감사를 받아야 할 사람은 우리 교회의 선임 코디네이터이자 가장 귀한 동역자 중 하나인 크리스타 레이나(Krista Reyna)다. 크리스타는 산꼭대기와 골짜기를 나와 함께 오르내리는 중한 짐을 영광으로 받아들여 준다. 늘 말없이 공감해 줄 뿐 아니라, 내 삶 속에서 점점 더 하나님의 예언자적 목소리가 되어 주는 그녀에게 영원히 감사한다.

우리 가족에게 감사한다. 훌륭하신 어머니는 내게 복원력과 인내심과 자기 수용을 길러 주었다. 어머니는 여태도 그랬듯이 앞으로도 늘 걸어 다니는 기적이 되실 것이다. 이 땅에 내 아내 마리를 능가할 사람은 없다. 인내심 많은 길잡이와 길동무가 되어 준 아내에게 감사한다. 많은 불안한 시기를 지나는 아버지를 사랑으로 지켜보며 기도해 준 우리 아이들에게도 고맙다.

 이 책에 동참해 준 독자이자 친구인 당신에게 감사한다. 당신에게 도움이 되었기를, 그리하여 당신도 다른 사람들을 도울 수 있기를 바란다.

 무엇보다 나의 자상하고 용감하신 예수께 감사드린다. 어두운 밤마다 그분은 나의 닻이시고 소망이시며 구주시다. 사랑이 많으신 그분의 희생에 힘입어 모든 사람이 영구 치유라는 소원을 이루기를 바란다. 모든 것이 그분에게서 나와서 대대로 영원토록 그분을 위해 존재한다. 아멘.

추천 도서

불안에서 해방되는 데 도움이 될 훌륭한 자원이 아주 많이 나와 있다. 다음은 내 여정에 중요한 역할을 해 준 책들이다. 당신에게도 도움이 되기를 바란다.

불안

Scott Symington, *Freedom from Anxious Thoughts and Feelings: A Two-Step Mindfulness Approach for Moving Beyond Fear and Worry.*

Aundi Kolber, *Try Softer: A Fresh Approach to Move Us out of Anxiety, Stress, and Survival Mode—and into a Life of Connection and Joy.* 『나를 위한 처방, 너그러움』(IVP).

Jeffrey M. Schwartz, *You Are Not Your Brain: The 4-Step Solution for Changing Bad Habits, Ending Unhealthy Thinking, and Taking Control of Your Life.* 『뇌는 어떻게 당신을 속이는가』(갈매나무).

Max Lucado, *Anxious for Nothing: Finding Calm in a Chaotic World.* 『아무것도 염려하지 말라』(생명의말씀사).

David D. Burns, *When Panic Attacks: The New, Drug-Free Anxiety Therapy That Can Change Your Life.* 『패닉에서 벗어나기』(끌레마).

Dawn Huebner & Bonnie Matthews, *What to Do When You Worry Too Much: A Kid's Guide to Overcoming Anxiety.* 『걱정이 한 보따리면 어떡해』(대교베텔스만).

과도한 고민

Jennie Allen, *Get Out of Your Head: Stopping the Spiral of Toxic Thoughts*. 『당신의 머릿속에서 나오라』(두란노).

Susan Nolen-Hoeksema & Sheryl Bernstein, *Women Who Think Too Much: How to Break Free of Overthinking and Reclaim Your Life*. 『생각이 너무 많은 여자』(지식너머).

강박장애

Jeffrey M. Schwartz, *Brain Lock: Free Yourself from Obsessive-Compulsive Behavior*. 『강박에 빠진 뇌』(알에이치코리아).

Jonathan Grayson, *Freedom from Obsessive-Compulsive Disorder: A Personalized Recovery Program for Living with Uncertainty*.

Ian Osborn, *Can Christianity Cure Obsessive-Compulsive Disorder? A Psychiatrist Explores the Role of Faith in Treatment*.

Sally M. Winston & Martin N. Sief, *Overcoming Unwanted Intrusive Thoughts: A CBT-Based Guide to Getting Over Frightening, Obsessive, or Disturbing Thoughts*. 『자꾸 이상한 생각이 달라붙어요: 강박이라는 늪에서 탈출하기』(교양인).

애도, 상실, 트라우마

H. Norman Wright, *Recovering from Losses in Life*. 『상처를 마주하는 용기』(두란노).

Judith Viorst, *Necessary Losses*. 『상처 입은 나를 위로하라』(Y브릭로드).

Bessel van der Kolk, *The Body Keeps the Score: Brain, Mind, and Body in the Healing of Trauma*. 『몸은 기억한다』(을유문화사).

Dan Allender, *Healing the Wounded Heart: The Heartache of Sexual Abuse and the Hope of Transformation*.

C. S. Lewis, *A Grief Observed*. 『헤아려 본 슬픔』(홍성사).

영성

Brennan Manning, *Abba's Child: The Cry of the Heart for Intimate Belonging*.『아바의 자녀』(복있는사람).

Rebekah Lyons, *Rhythms of Renewal: Trading Stress and Anxiety for a Life of Peace and Purpose*.

Aubrey Sampson, *The Louder Song: Listening for Hope in the Midst of Lament*.

Wesley Hill, *The Lord's Prayer: A Guide to Praying to Our Father*.『주기도문: 우리 아버지께 드리는 기도 가이드』(솔라피데).

J. P. Moreland, *Finding Quiet: My Story of Overcoming Anxiety and the Practices That Brought Peace*.

경건 서적

Max Lucado, *Grace for the Moment: Inspirational Thoughts for Each Day of the Year*.『감사』(가치창조).

Elisabeth Elliot, *Keep a Quiet Heart*.

John Stott, *Through the Bible, Through the Year: Daily Reflections from Genesis to Revelation*.『나의 사랑하는 책』(IVP).

Gwen Jackson, *Unforced Rhythms: Why Daily Devotions Aren't for All of Us*.

개인 리더십

Brady Boyd, *Speak Life: Restoring Healthy Communication in How You Think, Talk, and Pray*.

Brené Brown, *The Gifts of Imperfection: Let Go of Who You Think You're Supposed to Be and Embrace Who You Are*.『나는 불완전한 나를 사랑한다』(가나출판사).

Chip Heath & Dan Heath, *Decisive: How to Make Better Choices in Life and Work*.『자신 있게 결정하라』(웅진지식하우스).

Brandon Webb & John David Mann, *Mastering Fear: A Navy SEAL's Guide*.

Samuel Chand & Tim Lundeen, *Leadership Pain: The Classroom for Growth*.

Art Kleiner, Jeffrey Schwartz & Josie Thomson, *The Wise Advocate: The Inner Voice of Strategic Leadership*.

Steve Cuss, *Managing Leadership Anxiety: Yours and Theirs*.

관계

John Townsend & Henry Cloud, *Boundaries: When to Say Yes, How to Say No to Take Control of Your Life*. 『No라고 말할 줄 아는 그리스도인』(좋은씨앗).

Mark Laaser & Debra Laaser, *The Seven Desires of Every Heart*.

Milan Yerkovich & Kay Yerkovich, *How We Love*.

John Townsend, *People Fuel: Fill Your Tank for Life, Love, and Leadership*.

Douglas Stone, Bruce Patton & Sheila Heen, *Difficult Conversations: How to Discuss What Matters Most*. 『대화의 심리학』(21세기북스).

실천 도구 찾아보기

감정 일지　54-57

감정의 수레바퀴　174

두려움의 사다리　96-98

애통 기도 작성하기　74-76

인생 지도　209-211

신경 경로의 시간적 흐름　224-226

옮긴이 **윤종석**은 서강대학교 영어영문학과를 졸업했으며, 미국 골든게이트 침례 신학교에서 교육학(M.A.)을, 트리니티 복음주의 신학교에서 상담학(M.A.)을 공부했다. 옮긴 책으로는 『나는 무엇을 위해 사는가』『놀라운 하나님의 은혜』『하나님의 음성』『교회, 나의 고민 나의 사랑』『길 위에서 하나님을 만나다』『작아서 아름다운』『용서: 은혜를 시험하는 자리』(이상 IVP), 『예수님처럼』『하나님의 모략』(이상 복있는 사람), 『팀 켈러의 내가 만든 신』(두란노) 등이 있다.

불안을 이기는 작은 습관들

초판 발행 2025년 8월 28일

지은이 제이슨 큐직
옮긴이 윤종석
펴낸이 정모세

편집 이성민 이혜영 심혜인 설요한 박예찬
디자인 한현아 서린나 | 마케팅 오인표 | 영업·제작 정성운 이은주 조수영
경영지원 이혜선 이은희 | 물류 박세율 정용탁 김대훈

펴낸곳 한국기독학생회출판부 | 등록번호 제2001-000198호(1978.6.1)
주소 04031 서울시 마포구 동교로 156-10
대표 전화 (02) 337-2257 | 팩스 (02) 337-2258
영업 전화 (02) 338-2282 | 팩스 080-915-1515
홈페이지 http://www.ivp.co.kr | 이메일 ivp@ivp.co.kr
ISBN 978-89-328-2366-9

ⓒ 한국기독학생회출판부 2025

책값은 뒤표지에 있습니다.
무단 전재와 복제를 금합니다.